to Laetitia
all my best wishes for
1998 and lots of love
Gilly

les
PAPILLONS
du
MONDE

Ce livre a été réalisé par Copyright pour les Éditions Hatier

© 1996, les Éditions Hatier, Paris
pour la langue française pour tous les pays
Dépôt légal : 96.01.44, avril 1996
Photogravure SCAN 4, Espagne
Tous droits réservés
ISBN : 2-7438-0029-1

Imprimé en Espagne

les PAPILLONS du MONDE

Alain Eid
Michel Viard

HATIER

SOMMAIRE

Papillons d'Afrique
7

Papillons d'Europe
43

Papillons des Amériques
81

Papillons d'Asie et d'Océanie
119

Papillons étranges
155

Papillons d'Afrique

L'Afrique abrite près de trois mille espèces de papillons diurnes et, pour autant qu'il soit possible de les recenser, des dizaines de milliers de nocturnes – soit, à superficie égale, le triple de la faune nord-américaine. Le continent s'intègre dans un grand ensemble zoographique qu'on appelle la « région éthiopienne ». Elle s'étend jusqu'à l'Arabie, mais exclut l'Afrique du Nord, dont la faune et la flore se rattachent à l'Europe tempérée. À l'est volent les papillons des plaines. Accrochés aux hautes herbes des savanes, ils modèlent leur rythme biologique sur l'alternance de la saison sèche et de la saison humide. Ici, les livrées sont discrètes : les jaunes, les bruns, les rouges dominent, en accord avec la tonalité ocre de l'environnement. À l'ouest s'étend la forêt vierge aux réseaux inextricables de palmiers géants et de lianes folles. Elle accueille les espèces les plus colorées et les plus rares du continent, comme les charaxes carnivores, dont certains ne sont connus qu'à quelques exemplaires dans les collections. Séparée du continent africain depuis près de 100 millions d'années,

Madagascar est une entité à part, quoique distante d'à peine 350 kilomètres. Sa faune a évolué en vase clos, de telle sorte que les trois quarts des papillons qu'on y trouve sont strictement endémiques à l'île. Certains sont considérés comme les plus beaux du monde – comme l'uranie de Madagascar, dont les ailes semblables aux couleurs de l'arc-en-ciel sont traditionnellement utilisées en joaillerie.

Page ci-contre : Comète *Argema mittrei*.
Famille : Saturnidés (Madagascar).

Ci-dessus : Uranie de Madagascar *Chrysiridia madagascarensis*. Famille : Uranidés (Madagascar).

1 *Papilio nobilis nobilis*. Famille : Papilionidés (Kenya). **2** *Lobobunea ansorgei*. Famille : Saturnidés (Rwanda). **3** *Epiphora albida*. Famille : Saturnidés (Rwanda). **4** *Lobobunea angasana*. Famille : Saturnidés (Rwanda). **5** *Athletes gigas*. Famille : Saturnidés (Rwanda). **6** *Lobobunea turlini*. Famille : Saturnidés (Rwanda).

Page ci-contre : en haut, *Papilio phorcas ruscoei*, en bas, femelle de forme *thersander*. Famille : Papilionidés (Rwanda).

La couleur du *Papilio phorcas* est d'un délicat vert pomme qui n'appartient qu'à lui. Par un curieux avatar d'origine génétique, sa femelle naît une fois sur trois avec une livrée brune (forme *thersander*). Telle quelle, elle se confond assez bien avec des papillons d'espèces voisines, comme les *dardanus*. De là, peut-être, l'origine des quiproquos qui se produisent entre eux à la saison des amours... et des étranges hybrides qui s'ensuivent alors. Invariablement, ces rejetons prennent la forme *phorcas* et les couleurs *dardanus* — chose si insolite, qu'on a longtemps cru à l'existence d'une espèce particulière ! Les hybrides sont exceptionnels dans la nature, et toujours frappés de stérilité. Le phénomène est plus répandu en laboratoire où il est provoqué artificiellement pour les besoins de la recherche génétique. Pour des raisons encore mal connues, des familles s'y prêtent mieux que d'autres. Comme les saturnidés, dont on est parvenu à croiser des représentants qui, sans cela, avaient bien peu de chances de se rencontrer : ainsi de l'isabelle d'Europe et du papillon-lune américain...

1 et **3** *Papilio dardanus* (femelles). Famille : Papilionidés (République centrafricaine). **2** *Amauris niavius*. Famille : Nymphalidés (République centrafricaine). **4** *Papilio antenor*. Famille : Papilionidés (Madagascar).

Véritable caméléon, la femelle du *Papilio dardanus* excelle dans l'art de copier la livrée des autres, à la différence du mâle dont la forme est invariable du nord au sud de l'Afrique. Les espèces qu'elle imite ne sont pas choisies au hasard : seulement des papillons que les oiseaux évitent de consumer en raison de leur saveur repoussante ou de leur toxicité. C'est le cas des *Amauris* ou des *Danaus*, que les prédateurs identifient du premier coup d'œil à leurs « couleurs avertissantes ». La petite *dardanus* a compris tout le profit qu'il y avait à s'inspirer de telles espèces, car sa chair est en réalité fort exquise ! Ce phénomène de « mimétisme » est très répandu chez les lépidoptères, mais il atteint chez elle des proportions inégalées : on recense, aux quatre coins de l'Afrique, une quarantaine de formes femelles différentes, correspondant à autant d'espèces répulsives imitées... L'efficacité du stratagème exige qu'il soit reproduit avec modération, sinon les oiseaux auraient tôt fait d'éventer la supercherie. Aussi, chez les *dardanus*, est-il réservé aux seules femelles — leur sauvegarde ayant été jugée plus précieuse au développement de l'espèce que celle des mâles.

Page ci-contre : Chrysalide de *Danaus sp*. Famille : Nymphalidés (Sierra Leone).

1 et **3** Voilier bleu *Papilio zalmoxis*, face supérieure et revers. Famille : Papilionidés (République centrafricaine). **2** et **4** Voilier antimachus *Papilio antimachus*, face supérieure et revers. Famille : Papilionidés (République centrafricaine).

Le voilier bleu est l'une des grandes raretés des forêts d'Afrique. Si les mâles se laissent facilement observer quand ils viennent boire sur le sol humide des clairières, les femelles, en revanche, ne quittent jamais les hautes frondaisons, à plusieurs dizaines de mètres du sol. De telle sorte que leur existence fut pendant longtemps une véritable énigme pour les naturalistes. On eut beau multiplier les expéditions, jamais chasseur ne put se vanter d'en avoir cueilli une dans ses filets. Enfin, un spécimen fut découvert. Non pas dans la moiteur de la forêt équatoriale, mais... à Paris, chez un commerçant de l'ancienne Halle aux cuirs, où la précieuse femelle reposait sous un cadre ! Musées et collectionneurs en offrirent des sommes considérables, mais jamais le brave homme ne consentit à s'en séparer. À sa mort, elle fut mise en vente par ses héritiers. À peine voulut-on la sortir de son cadre qu'elle tomba en poussière, dévorée par les parasites qui, pendant des années, l'avaient rongée de l'intérieur... Aujourd'hui encore, la capture d'une femelle est hautement aléatoire et se monnaye jusqu'à 10 000 francs.

Page ci-contre : *Cymothoe hypatha* et *Cymothoe reinholdi*. Famille : Nymphalidés (République centrafricaine).

Double page suivante : *Cymothoe sangaris*. Famille : Nymphalidés (République centrafricaine).

1 *Charaxes nobilis*. Famille : Nymphalidés (République centrafricaine). **2** *Charaxes hadrianus*. Famille : Nymphalidés (République centrafricaine). **3** *Charaxes brutus*. Famille : Nymphalidés (République centrafricaine). **4** *Charaxes eupale*. Famille : Nymphalidés (République centrafricaine). **5** *Charaxes tiridates* (femelle). Famille : Nymphalidés (République centrafricaine). **6** *Charaxes smaragdalis* (mâle). Famille : Nymphalidés (République centrafricaine).

Les *Charaxes* vivent principalement sur le continent africain — cent trente espèces y sont identifiées pour une vingtaine en Asie et une seule en Europe (*Charaxes jasius*). Ces papillons sont parmi les plus recherchés en collection, en raison de leurs fringantes livrées qui leur ont valu le surnom d'« aristocrates ». À de tels dandys, on imagine volontiers un régime alimentaire raffiné à base de nectars précieux...
Pas du tout, les charaxes sont en réalité de fiers soudards qui aiment à se repaître des charognes de singes abandonnées dans la forêt ! Rares exemples de papillons carnivores, ils sont capables de détecter le moindre fumet de carcasse à la ronde, s'abattant par dizaines dès que celle-ci a été localisée. À défaut de viande, ils seront coprophages, s'alimentant d'urine ou d'excréments... Les femelles ont un faible pour les fruits pourris dont elles sucent avidement le jus, au point de s'en distendre l'abdomen. En raison des ferments absorbés, certaines accusent un état d'ivresse assez avancé, que trahissent leurs zigzags incertains au moment de quitter le sol...

Page ci-contre : *Charaxes smaragdalis* (femelle) et *Charaxes tiridates* (mâle). Famille : Nymphalidés (République centrafricaine).

1 *Charaxes protoclea azota*. Famille : Nymphalidés (Tanzanie). **2** *Charaxes lydiae*. Famille : Nymphalidés (Cameroun). **3** *Charaxes superbus*. Famille : Nymphalidés (Cameroun). **4** *Charaxes phenix*. Famille : Nymphalidés (Tanzanie).

Les *Charaxes* sont parmi les papillons les plus difficiles à capturer, car ils affectionnent les forêts denses où l'homme ne pénètre guère. Certaines espèces sont tout de même plus accessibles, s'étant acclimatées aux savanes claires, où il est relativement aisé de les dénicher. *Charaxes candiope* est le plus proliférant de tous. Il a colonisé au Kenya jusqu'aux jardins et aux champs de culture, opérant à travers tout le pays d'immenses migrations de plus de 500 kilomètres. C'est une exception, car les *Charaxes* se cantonnent d'habitude à des territoires bien localisés, comme le mont Kala, au Cameroun. Ce vaste piton rocheux, qui culmine à 1 100 mètres d'altitude, recèle dans ses forêts ombreuses pas moins de cinquante espèces. Parmi elles, les représentants les plus rares du genre, comme *Charaxes fournierae*. Le mâle fut découvert en 1930, mais il fallut trois ans de chasse ininterrompue pour saisir enfin sa femelle, qui, beaucoup plus farouche, ne quitte jamais le haut des arbres. Avec ses 13 centimètres d'envergure, elle est le plus imposant papillon du genre. La forêt vierge africaine recèle encore bien des surprises. Comme *Charaxes phenix* qui ne fut découvert qu'en 1989, au hasard d'une expédition dans une montagne reculée de la Tanzanie.

Page ci-contre : *Charaxes fournierae*, face supérieure et revers. Famille : Nymphalidés (République centrafricaine).

1 *Charaxes acraeoides*. Famille : Nymphalidés (République centrafricaine). **2** *Charaxes andranodorus*. Famille : Nymphalidés (Madagascar). **3** *Charaxes numenes*. Famille : Nymphalidés (Cameroun). **4** *Charaxes candiope*. Famille : Nymphalidés (Cameroun). **5** *Charaxes tiridates*. Famille : Nymphalidés (République centrafricaine). **6** *Charaxes boueti*. Famille : Nymphalidés (Côte-d'Ivoire).

Repérer un *Charaxes* est une chose, le capturer en est une autre. Son vol est si rapide qu'il est impossible de le saisir au filet — 5 m/s en vitesse de pointe, s'il se sent inquiété ! Pour avoir raison de lui, les chasseurs doivent rivaliser de ruse et le prendre par son point faible : la gourmandise. Compte tenu de ses habitudes alimentaires, il convient de déposer au sol un morceau de viande, ou de poisson, qui aura atteint les limites extrêmes de la décomposition. Les *Charaxes* auront tôt fait de le détecter et s'empresseront de descendre de leurs arbres pour lui faire honneur. Trop occupés à festoyer, ils ne prendront pas garde au filet qui s'abattra sur eux. Les excréments de lion sont également un appât de choix.
Pour attirer ces dames, une banane très mûre, préalablement imbibée d'alcool, fait l'affaire.

Page ci-contre : *Charaxes lucretius*, femelle et mâle. Famille : Nymphalidés (Sierra Leone).

Double page suivante : *Euxanthe crossleyi*. Famille : Nymphalidés (Zaïre).

Euxanthe crossleyi est un proche parent des *Charaxes*, quoiqu'il s'en distingue par son vol paresseux et ses ailes arrondies.

1 *Pseudimbrasia deyrolli.* Famille : Saturnidés (Gabon). **2** *Goodia sentosa.* Famille : Saturnidés (Gabon). **3** *Imbrasia dione.* Famille : Saturnidés (Gabon). **4** *Tagoropsis leporina.* Famille : Saturnidés (Madagascar). **5** *Dactyloceras lucina.* Famille : Brahméidés (République centrafricaine). **6** *Nephele aequivalens.* Famille : Sphingidés (République centrafricaine).

Les spécimens représentés ici sont des nocturnes — comme du reste neuf papillons sur dix dans le monde. La différence entre diurnes et nocturnes n'est pas si évidente, car s'il est bien établi que les premiers n'évoluent qu'à la lumière, beaucoup parmi les seconds, en revanche, ont bel et bien une activité de jour. Pour les différencier, le meilleur moyen est encore de se reporter à la forme des antennes. Chez les papillons de jour, elles se caractérisent par une terminaison en massue, d'où leur nom scientifique de rhopalocères (cornes en massue). Chez les nocturnes, elles prennent des formes plus diverses : effilées, ou en plume, d'où le nom d'hétérocères (cornes variées). Les antennes sont le siège de l'odorat du papillon. Elles sont garnies de poils olfactifs (ou sensilles), grâce auxquels les nocturnes détectent le parfum des plantes. Aussi, leurs antennes sont-elles plus sensibles que celles des papillons de jour, supportant selon les espèces jusqu'à 40 000 sensilles. Les deux tiers d'entre elles servent uniquement à repérer l'odeur des papillons de l'autre sexe, à des distances parfois de 8 kilomètres !

Page ci-contre : *Imbrasia epimethea,* mâle et femelle. Famille : Saturnidés (Gabon).

1 *Colotis ione*. Famille : Piéridés (Kenya). **2** Cramoisi *Colotis danae*. Famille : Piéridés (Burundi). **3** *Colotis phisadia*. Famille : Piéridés (Éthiopie). **4** *Mylothris croceus*. Famille : Piéridés (Rwanda). **5** et **6** Piéride du cassier *Catopsilia florella*, mâle et femelle. Famille : Piéridés (Madagascar).

Catopsilia florella est la plus grande migratrice d'Afrique. Chaque année, entre décembre et février, les populations qui habitent les régions arides du Sahel s'envolent par dizaines de millions vers le sud. Destination : le Zaïre, à plusieurs milliers de kilomètres de là. Contrairement aux papillons migrateurs des régions tempérées, ce n'est pas l'arrivée du printemps qui motive leur départ, mais l'apparition, dans le sud, de la saison des pluies, qui va se traduire par une riche floraison dont elles comptent bien profiter. Le voyage s'effectue par nuées de 20 kilomètres de long sur 5 kilomètres de large — capables quand elles passent trop près du sol d'engorger jusqu'au moteur des voitures ! Dès le retour de la saison sèche, elles repartiront vers le Sahel. D'autres populations exécutent le même type de migration, mais elles partent du sud de l'Afrique, dans la province du Cap, pour remonter vers le nord-ouest. La migration est peu répandue chez les papillons : 200 espèces sur 18 000 sont concernées pour les seuls diurnes, encore qu'une vingtaine à peine la pratiquent sur d'aussi grandes distances et de façon aussi systématique que *Catopsilia florella*.

Page ci-contre : *Catopsilia thauruma*, mâle et femelle. Famille : Piéridés (Madagascar).

1 *Palla ussheri*. Famille : Nymphalidés (République centrafricaine). **2** *Eurema floricola*. Famille : Piéridés (île Maurice). **3** *Euphaedra losinga*. Famille : Nymphalidés (Cameroun). **4** Petit monarque *Danaus chrysippus*. Famille : Nymphalidés (Kenya).

Pour se défendre des insectes, les plantes développent parfois de subtils poisons. Certaines espèces parviennent pourtant à les neutraliser — mieux encore, à les utiliser pour se protéger de leurs propres prédateurs. C'est le cas du petit monarque, dont la chenille se nourrit de plantes à sucs laiteux (les asclépiades). Elles distillent des substances éminemment toxiques, les « cardénolides », que les chenilles sont parvenues à assimiler dans leurs tissus après des millions d'années d'adaptation. Ces dangereuses molécules se retrouveront plus tard dans le corps du papillon. L'oiseau qui se risquera à le croquer en sera quitte pour des vomissements... voire l'arrêt cardiaque pur et simple ! S'il en réchappe, jamais plus il ne retouchera à des papillons de cette espèce ; la seule vue de leur livrée déclenchera immédiatement en lui le « réflexe d'évitement ». Les mâles accroissent encore l'efficacité du poison en l'assortissant de divers alcaloïdes tirés d'autres plantes. Par le mystère de leur chimie interne, ces alcaloïdes vont se transformer en substances odoriférantes qui stimuleront l'excitation des femelles...

Page ci-contre : Chenille d'*Antherina suraka*. Famille : Saturnidés (Madagascar).

Double page suivante : Petit monarque *Danaus chrysippus*. Famille : Nymphalidés (Ouganda).

1 *Ceranchia apollina*. Famille : Saturnidés (Madagascar). À Madagascar, les cocons de certains saturnidés sont utilisés pour leur soie. On s'en sert pour fabriquer des linceuls appelés *lambamena* : le tissu rouge. **2** *Salamis duprei*. Famille : Nymphalidés (Madagascar). **3** *Amauris nossima*. Famille : Nymphalidés (Mayotte). **4** *Papilio dardanus meriones*. Famille : Papilionidés (Madagascar).

Les *Papilio dardanus* font l'objet d'études attentives dans le domaine de la recherche médicale. Grâce à eux, on a pu comprendre le mécanisme de transmission d'une des plus graves maladies infantiles qui soit, la contamination des fœtus au facteur rhésus. Couramment utilisés à des fins expérimentales, notamment pour la recherche contre le cancer ou diverses autres maladies génétiques, les papillons sont faciles à élever et constituent des sujets d'expérience beaucoup moins encombrants que les animaux traditionnels de laboratoire.

Page ci-contre : *Hypolimnas dexithea,* face supérieure et revers. Famille : Nymphalidés (Madagascar).

Les *Hypolimnas* sont appelés « diadèmes » en raison de leurs chatoyantes couleurs aux étonnants reflets de bleus, de blancs et de rouges. C'est pourquoi les habitants de Madagascar ont plaisamment baptisé *Hypolimnas dexithea* le « tricolore » — en souvenir de la présence française qui s'exerça sur l'île, malgré de nombreuses révoltes, jusqu'en 1960, année de l'indépendance.

1 *Acraea silia*. Famille : Nymphalidés (Madagascar). **2** *Acraea dammii*. Famille : Nymphalidés (Madagascar). **3** *Acraea ranavalona*. Famille : Nymphalidés (Madagascar). Cette splendide acraéa fut baptisée *ranavalona* en souvenir de Ranavalona III, malheureuse reine de Madagascar que les Français déposèrent, puis exilèrent, en 1897. Cent vingt espèces d'acraéas sillonnent le continent africain. Certaines de leurs chenilles comptent parmi les plus grands nuisibles, s'attaquant aux plantations de tabac et de concombres (au Ghana, notamment). Se nourrissant également de passiflores, les acraéas en tirent un violent poison qu'elles libèrent sous forme de gouttes d'acide quand elles sont blessées par un prédateur. Comme les *Danaus*, elles portent une livrée avertissante et sont imitées par quelques espèces non protégées, dont les *Pseudacraea*... ou faux acraéas ! **4** *Acraea turlini*. Famille : Nymphalidés (Rwanda). **5** *Mylothris humbloti*. Famille : Piéridés (Comores). **6** *Cyrestis elegans*. Famille : Nymphalidés (Madagascar).

Page ci-contre : *Acraea igati*, mâle et femelle. Famille : Nymphalidés (Comores).

Double page suivante : Sphinx vert *Euchloron megaera*. Famille : Sphingidés (République centrafricaine).

Les sphinx sont les papillons les plus rapides du monde avec un record homologué de 54 km/h. Presque aussi vite que les abeilles qui dépassent couramment les 60 — en tout cas beaucoup mieux que la plupart des papillons qui atteignent difficilement les 10 km/h !

1 *Graphium cyrnus nuscyrus.* Famille : Papilionidés (Madagascar). **2** *Gideona lucasi.* Famille : Piéridés (Madagascar). **3** *Colotis zoe.* Famille : Piéridés (Madagascar). **4** *Physcaeneura leda.* Famille : Nymphalidés (Kenya). **5** *Pseudacraea boisduvalii trimeni.* Famille : Nymphalidés (Kenya). **6** *Mylothris splendens.* Famille : Piéridés (Madagascar).

Page ci-contre : *Lepidochrysops turlini,* mâle et femelle. Famille : Lycénidés (Madagascar).

Si les *Lepidochrysops* comptent une centaine d'espèces sur le continent africain, cinq seulement évoluent sur l'île de Madagascar — à l'exclusion de tout autre endroit au monde. Quatre d'entre elles peuplent la grande forêt humide de l'est, où elles sont extrêmement rares. Tout aussi rare, l'espèce *turlini* a curieusement préféré s'implanter dans le sud-ouest de l'île, domaine du « bush » aux fourrés d'épineux. Si l'endroit est austère et pauvre en vertes frondaisons, elle peut, en revanche, y jouir d'une tranquillité quasi absolue, car rares sont les grands animaux, ou les hommes, qui se risquent dans ces buissons inextricables, coupants comme des rasoirs. C'est là qu'elle ne fut découverte que très récemment par Bernard Turlin, un collectionneur avisé qui dut penser qu'une telle rareté valait bien quelques accrocs à ses vêtements ! Tiré du grec, le nom des *Lepidochrysops* signifie « écailles d'or », en raison de la coloration métallique de leur livrée, caractéristique de la famille des lycénidés. Comme pour les morphos d'Amérique, cette coloration est due non pas à un pigment particulier, mais à la réfraction de la lumière sur les écailles.

1 *Amauris nossima*. Famille : Nymphalidés (Mayotte). **2** *Papilio dardanus humbloti*. Famille : Papilionidés (Grande Comore). **3** *Amauris comorana*. Famille : Nymphalidés (Grande Comore). **4** *Acraea neobule*. Famille : Nymphalidés (Mayotte). **5** et **6** *Mylothris ngaziya*, face supérieure et revers. Famille : Piéridés (Grande Comore).

À mi-chemin entre l'Afrique et Madagascar, l'archipel des Comores abrite près de 300 espèces de papillons. Un bon tiers d'entre elles sont endémiques, c'est-à-dire que leur distribution est strictement limitée à ces îles, et souvent à une seule d'entre elles ! Les papillons les plus rares s'y trouvent donc, comme *Graphium levassori*, dont on n'a découvert à ce jour qu'une vingtaine de spécimens femelles (les mâles sont plus courants). *Mylothris ngaziya* est une espèce endémique de l'île de la Grande Comore (ou Ngazidja en comorien). Elle fut décrite au siècle dernier par le naturaliste français Charles Oberthür. Ce dernier nourrissait une telle passion pour les papillons qu'il consacra une partie de sa fortune à monter de grandes expéditions à travers le monde. Il entretenait depuis la France un vaste réseau de chasseurs ou d'amateurs éclairés, qui lui permirent de décrire des milliers d'espèces nouvelles — jusqu'en Chine, où il eut recours aux bons offices des Pères blancs. Aux Comores, il était en relation avec un grand propriétaire de plantations, Léon Humblot, qui régulièrement lui expédiait des spécimens inconnus, dont *Papilio dardanus humbloti*, qui reçut son nom en hommage.

Page ci-contre : *Graphium levassori,* mâle et femelle. Famille : Papilionidés (Grande Comore).

Papillons d'Europe

❏

La grande masse continentale qui s'étend de l'Europe à la Sibérie est l'une des plus pauvres en papillons du monde. Quatre cents espèces diurnes à peine la survolent – soixante seulement pour la Grande-Bretagne... La rigueur du climat européen, avec ses longs hivers glacials, explique cette défection de la petite gent ailée qui préfère, et de beaucoup, la chaleur humide des régions tropicales. Car, comme tous les insectes, les lépidoptères sont des animaux à sang froid ; leur chaleur corporelle dépend directement du rayonnement solaire. Or, pour pouvoir voler, les papillons ont besoin d'une température supérieure à 26 °C. Quand la chaleur ambiante est insuffisante, ils y remédient en battant fortement des ailes, ce qui a pour effet d'élever leur température de dix degrés. C'est de cette façon que certaines espèces arrivent à survivre dans les régions polaires de la Sibérie ! Les hommes ont contribué à leur manière à l'effacement des lépidoptères dans le paysage européen. L'implantation de champs de culture, depuis dix mille ans, a pratiquement décimé la grande forêt primitive. Les papillons qui sont parvenus à s'adapter aux prairies et aux verts bocages ne sont pas épargnés pour autant. L'apparition des pesticides modernes, l'urbanisation galopante menacent aujourd'hui l'avenir d'un bon tiers d'entre eux. Quant aux cinq mille nocturnes recensés, leur sort n'est guère plus enviable. Chaque nuit, ce sont des millions de noctuelles et de phalènes qui disparaissent, brûlées par les éclairages publics...

Page ci-contre : Flambé ou voilier *Iphiclides podalirius*.
Famille : Papilionidés.

Ci-dessus : Grand nègre des bois.
Famille : Nymphalidés.

43

1 Proserpine *Zerynthia rumina*. Famille : Papilionidés. **2** Alexanor *Papilio alexanor*. Famille : Papilionidés. **3** Petit apollon *Parnassius phoebus*. Famille : Papilionidés. **4** Apollon *Parnassius apollo*. Famille : Papilionidés. **5** Machaon corse *Papilio hospiton*. Famille : Papilionidés. **6** Machaon ou grand porte-queue *Papilio machaon*. Famille : Papilionidés.

Avec ses 10 centimètres d'envergure, le machaon est le plus grand papillon de jour de nos contrées. Son nom de « grand porte-queue » est dû aux fines terminaisons de ses ailes, qui évoquent des antennes. Elles sont les éléments d'un piège machiavélique, au même titre que les ocelles rouges en forme d'yeux qui les accompagnent. Fausses antennes, faux yeux… il s'agit en effet d'une tête postiche que le machaon destine à ses prédateurs ! L'oiseau qui y donnera du bec, croyant atteindre le machaon à la tête, aura l'amère surprise de le voir s'enfuir, heureux d'y laisser un bout d'aile plutôt que la vie… Lorsqu'elle est inquiétée par un oiseau trop gourmand, la chenille du machaon répond par un « coupe-faim » de son invention. Il est produit par un long tentacule rouge (l'*osmeterium*), qui normalement est invisible, bien rentré derrière la tête. À l'approche du prédateur, il surgit comme un diable de sa boîte. Si l'oiseau s'enfuit sans demander son reste, ce n'est pas tant qu'il a été effrayé par l'apparition soudaine de l'appendice, mais plutôt par l'odeur particulièrement rance qu'il répand… propre à retourner l'estomac le plus endurci.

Page ci-contre : Chenille du grand porte-queue.

1 Gâte-bois *Cossus cossus*. Famille : Cossidés. **2** Bucéphale ou porte-écu jaune *Phalera bucephala*. Famille : Notodontidés. **3** Sphinx de l'euphorbe *Hyles euphorbiae*. Famille : Sphingidés. **4** Feuille-morte du chêne *Gastropacha quercifolia*. Famille : Lasiocampidés.

La fonction de la chenille est d'accumuler le maximum de réserves énergétiques, qui lui serviront plus tard lorsqu'elle se retrouvera immobilisée dans son cocon, à l'état de chrysalide. Certains papillons à durée de vie très courte auront encore à compter sur ces réserves, car la nature n'a pas jugé utile de les doter d'organes buccaux. Manger, encore manger, toujours manger, tel est donc le lot de la petite larve qui va en moyenne multiplier par 1 000 son poids d'origine — la palme de la gloutonnerie revenant au *Cossus*, qui multiplie le sien par 72 000... Si la plupart des chenilles mangent indifféremment feuilles, bourgeons, fruits ou racines, certaines ont un régime alimentaire plus spécifique, ne s'attaquant par exemple qu'au bois, ou aux textiles (c'est le cas des mites). Les choses se gâtent lorsque, par nuées entières, ces larves se prennent d'agrément pour les champs de culture ou les entrepôts de nourriture, entrant en conflit direct avec la société des hommes. Une chenille aussi insignifiante en taille que le ver rose des capsules du cotonnier *(Platyedra gossypiella)* peut détruire dans certains pays jusqu'à la moitié de la production annuelle de coton ! Le *cossus*, mineur insatiable des écorces, apporte quant à lui de graves maladies aux arbres des vergers, d'où son nom commun de gâte-bois.

1 Chenille du gâte-bois. **2** Chenille de la bucéphale.
3 Chenille du sphinx de l'euphorbe. **4** Chenille de la feuille-morte du chêne.

Contre de tels nuisibles, l'action des prédateurs n'offre qu'un piètre secours. Si une mésange consomme jusqu'à quarante chenilles à l'heure, c'est notoirement insuffisant comparé aux milliers d'œufs que certaines femelles sont capables de déposer ! Pour s'en débarrasser, les hommes auront tout essayé : les Romains accrochaient des lézards aux arbres en guise d'épouvantail ; les Égyptiens échenillaient les champs à la main. Cette pratique fut remise à la mode sous la Révolution française par une curieuse loi du 26 ventôse de l'an IV contraignant, sous peine d'amende, au ramassage des chenilles sur les arbres fruitiers. Les moyens magiques ne manquèrent pas, surtout au Moyen Âge, où l'on considérait que la chenille était envoyée aux hommes par Dieu en expiation de leurs péchés. On y répond par des processions dans les champs, accompagnées d'aspersion d'eau bénite — voire par l'excommunication, comme l'atteste cette exhortation faite en 1516 par le clergé de Troyes : « Admonestons les chenilles de se retirer dans six jours et, à défaut de faire, les déclarons maudites et excommuniées ! ». L'utilisation d'un insecticide chimique, comme le D.D.T. (dichloro-diphényl-trichloréthane), utilisé depuis 1945, n'est certes pas une panacée. Quels que soient ses effets foudroyants (auxquels finissent d'ailleurs par s'adapter les chenilles !), il entraîne surtout la disparition de quantité d'espèces utiles, mettant en péril notre équilibre écologique.

Double page suivante : Chenille du L noir *Arctornis l nigrum*. Famille : Lymantridés.

1 Souci *Colias crocea*. Famille : Piéridés. **2** Marbré-de-vert ou piéride du réséda *Pontia daplidice*. Famille : Piéridés. **3** Soufré *Colias hyale*. Famille : Piéridés. **4** Candide *Colias phicomone*. Famille : Piéridés. **5** Citron de Provence ou Cléopâtre *Gonepteryx cleopatra*. Famille : Piéridés. **6** Citron *Gonepteryx rhamni*. Famille : Piéridés.

Le citron, dont seul le mâle a en fait la couleur du fruit (sa femelle est sensiblement plus blanche), est le papillon qui jouit, en Europe, de la plus longue existence : onze mois pleins à partir du moment où il a surgi de sa chrysalide. Cette longévité est exceptionnelle puisque beaucoup de papillons ne dépassent pas l'espace d'une saison, certains même ne volent que quelques heures... Pour arriver à un âge aussi avancé, le citron doit veiller à ne pas gaspiller ses forces. En effet, l'activité des papillons, ne serait-ce que dans le fait de voler, entraîne une dépense énergétique énorme comparativement à leurs faibles dimensions. Aussi la vie du citron consiste-t-elle en de très courtes périodes de vol que ponctuent de longues semaines de sommeil, destinées à recharger ses accus. La mauvaise saison arrivant, le citron se nide au sol, sous les feuilles mortes, occasion pour lui d'une cure de repos supplémentaire. Au printemps suivant, ses derniers moments seront consacrés à poursuivre les belles qui croiseront son chemin, car il sera grand temps pour lui de penser à la perpétuation de l'espèce.

Page ci-contre : Souci *Colias crocea*, mâle et femelle. Famille : Piéridés.

1 Mariée ou lichenée rouge *Catocala nupta*. Famille : Noctuidés. **2** Écaille pourprée *Rhyparia purpurata*. Famille : Arctidés. **3** Écaille chinée *Euplagia quadripunctaria*. Famille : Arctidés. **4** Écaille fermière ou écaille villageoise *Arctia villica*. Famille : Arctidés. **5** *Apantesis fasciata*. Famille : Arctidés. **6** Écaille tesselée *Cymbalophora pudica*. Famille : Arctidés.

De mœurs nocturnes, les écailles aiment à jouir, le jour, du repos le plus absolu. Elles n'ont guère à s'inquiéter de la présence des oiseaux qui s'agitent dans le feuillage, car leur robe haute en couleur avertit les prédateurs qu'elles sont toxiques. L'oiseau qui a fait une fois la mauvaise expérience d'avaler une écaille ne s'avise jamais, en général, d'y retoucher, conservant en mémoire la couleur de la funeste livrée. Dans le cas contraire, l'écaille saura le rappeler à l'ordre, en faisant jaillir de son corps des gouttes de sang (saignée réflexe) dont l'odeur répugnatoire aura raison de lui.

Page ci-contre : Lichenée bleue ou noctuelle du frêne *Catocala fraxini,* revers et face supérieure. Famille : Noctuidés.

Les catocales sont remarquables par la couleur cryptique, gris cendre, de leurs ailes antérieures. Elle leur permet de se fondre avec les écorces sur lesquelles elles aiment se reposer. Un geai viendrait-il quand même à les détecter, qu'elles dévoileraient brusquement leurs ailes postérieures, vivement colorées en bleu, rouge ou jaune — ce qui aurait pour effet d'effrayer l'oiseau, le temps pour le papillon de s'enfuir à tire-d'aile.

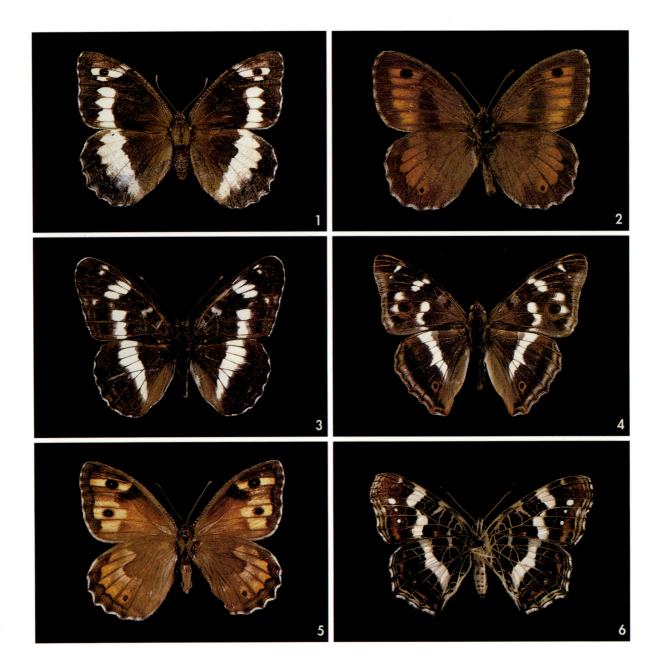

1 Silène *Brintesia circe*. Famille : Nymphalidés. **2** Petit agreste ou mercure *Arethusana arethusa*. Famille : Nymphalidés.
3 Petit sylvain *Ladoga camilla*. Famille : Nymphalidés. **4** Grand mars changeant *Apatura iris*. Famille : Nymphalidés.
5 Agreste *Hipparchia semele*. Famille : Nymphalidés. **6** Carte géographique *Araschnia levana*. Famille : Nymphalidés.

Page ci-contre : Tabac d'Espagne *Argynnis paphia*, mâle et femelle. Famille : Nymphalidés.

Double page suivante : Belle-dame ou vanesse des chardons *Cynthia cardui*. Famille : Nymphalidés.

La belle-dame compte parmi les plus grands papillons migrateurs. L'espèce que l'on rencontre en Europe est originaire des déserts d'Afrique du Nord, où les femelles pondent en hiver. Au printemps, à peine sortis de leur chrysalide, les papillons s'envolent par dizaines de millions, en longs essaims de deux kilomètres. Direction : le nord, où les attendent des zones de nourrissage plus propices. Cinglant à la vitesse moyenne de 15 km/h, ils parcourront jusqu'à 3 000 kilomètres, passant la Méditerranée, puis les Alpes qu'ils atteindront pour l'été. Certains pousseront jusqu'en Scandinavie, bien au-delà du cercle polaire ! Dès l'automne, à l'approche des premiers froids, la colonie refera la route en sens inverse. On a vu, survolant l'Atlantique, des belles-dames naviguer au « compas solaire » à près de 1 000 kilomètres des côtes africaines...

1 Grand paon de nuit *Saturnia pyri*. Famille : Saturnidés. **2** Hachette *Aglia tau*. Famille : Saturnidés. **3** et **4** Petit paon de nuit *Pavonia pavonia*, mâle et femelle. Famille : Saturnidés.

Saturnia pyri est le plus grand nocturne européen (16 centimètres), si grand que l'ombre qu'il projette sur le sol est souvent confondue avec celle des chauves-souris ! C'est grâce à lui que Jean-Henri Fabre (1823-1915), « l'Homère des insectes », disait Victor Hugo, eut l'intuition de l'existence des parfums attractifs. Dans ses admirables *Souvenirs entomologiques,* il raconte comment, ayant enfermé un jour une femelle sous une cloche opaque, il vit arriver le soir même une vingtaine de mâles, attirés vers elle comme par un aimant. Un mystérieux « fluide d'appel » devait être émis, si puissant que même en imprégnant la pièce de vapeurs de pétrole, les mâles ne cessaient d'affluer. On sait aujourd'hui que ces phéromones sont détectées à des kilomètres de distance au moyen des antennes.

Page ci-contre : Ocelle de lépidoptère grossi cent fois.

Les ocelles agissent dans la nature comme un signal universel d'intimidation. Rares sont les animaux qui échappent au malaise que provoque un œil fixe posé sur eux — ils l'interprètent comme une marque d'agressivité. C'est exactement l'effet escompté par le papillon, qui, fort de ses yeux postiches, parvient ainsi à bluffer ses ennemis. Chez les paons de nuit, l'imitation confine au grand art, avec ces cerclures blanches à l'intérieur des ocelles, qui donnent toute sa vie au regard — un procédé bien connu des portraitistes...

1 Citronnelle rouillée *Opisthograptis luteolata*. Famille : Géométridés. **2** Polyphage ou bombyx de la ronce *Macrothylacia rubi*. Famille : Lasiocampidés. **3** Bombyx buveur *Euthrix potatoria*. Famille : Lasiocampidés. **4** Bombyx du pin ou feuille-morte du pin. *Dendrolimus pini*. Famille : Lasiocampidés. **5** Versicolore *Endromis versicolora*. Famille : Endromidés. **6** Phalène du sureau ou phalène soufrée *Ourapteryx sambucaria*. Famille : Géométridés.

Jusqu'au siècle dernier, dans les Midlands anglais, *Ourapteryx sambucaria* était identifiable à sa livrée claire, qui épouse parfaitement la couleur des sureaux — ce qui la rend invisible aux prédateurs. Mais, brusquement, des individus de teinte plus sombre, jusque-là fort rares, se mirent à proliférer au détriment des autres. Il fallut admettre que ce changement était dû à la pollution des usines qui avait rendu les sureaux noirs de suie ! Devenues inadaptées à la nouvelle couleur des arbres, les populations claires étaient maintenant décimées par les oiseaux, alors que les formes sombres, moins détectables, pouvaient se développer. On a donné le nom de « mélanisme industriel » à ce phénomène qui toucha dans les Midlands une vingtaine d'espèces, dont la fameuse géomètre du bouleau (*Biston betularia*). Exemple saisissant de la façon dont une espèce évolue par sélection naturelle sous la pression d'un milieu hostile — ici, malheureusement, du fait des hommes...

Page ci-contre : Bombyx du chêne ou minime à bandes jaunes *Lasiocampa quercus*, mâle et femelle. Famille : Lasiocampidés.

1 Marbré de Lusitanie *Euchloe tagis*. Famille : Piéridés. **2** Semi-apollon *Parnassius mnemosyne*. Famille : Papilionidés.
3 *Parnassius eversmanni*. Famille : Papilionidés. **4** *Hypermnestra helios*. Famille : Papilionidés
5 Argus bleu nacré *Lysandra coridon*. Famille : Lycénidés. **6** Argus bleu céleste ou bel argus *Lysandra bellargus*. Famille : Lycénidés.

Bien que les lycénidés soient majoritairement tropicaux, de superbes espèces se rencontrent sous nos climats. Témoins, les argus bleus dont les ailes se détachent comme des fragments d'azur sur la prairie. Certaines de leurs chenilles sont remarquables en ce qu'elles parviennent à se faire élever par les fourmis, d'habitude peu enclines à choyer les larves des autres. Pour cela, elles émettent une odeur caractéristique de puceron, à laquelle nulle fourmi ne saurait résister, c'est pour elles une véritable friandise. Aussi vont-elles charger la petite chenille entre leurs mandibules et l'emporter illico dans la fourmilière. Cette dernière n'opposera aucune résistance, car c'est exactement le but visé... Là, elle dispensera à la colonie un miel suave, produit par l'abdomen, en échange de quoi elle sera autorisée à se repaître de larves et de nymphes de fourmis. Protégée par les dizaines de milliers de membres que compte la tribu, la chenille coulera des jours heureux sans avoir à se soucier le moins du monde des prédateurs. Au moment de la nymphose, elle quittera la fourmilière en toute liberté.

Page ci-contre : *Spilosoma niveum*, mâle et femelle. Famille : Arctidés.

1 Sphinx livournien *Hyles livornica livornica*. Famille : Sphingidés. **2** Sphinx du tilleul *Mimas tiliae*. Famille : Sphingidés. **3** Grand sphinx de la vigne ou le grand pourceau *Deilephila elpenor*. Famille : Sphingidés. **4** Cendré *Hyles vespertilio*. Famille : Sphingidés. **5** Sphinx du chêne vert *Marumba quercus*. Famille : Sphingidés. **6** Moro-sphinx ou oiseau-mouche *Macroglossum stellatarum*. Famille : Sphingidés.

Page ci-contre : Sphinx du liseron *Agrius convolvuli*, mâle et femelle. Famille : Sphingidés.

Double page suivante : Sphinx à tête de mort *Acherontia atropos* et sa chenille. Famille : Sphingidés.

La tête de mort qui s'inscrit sur le thorax de l'*atropos* conduisit jadis à penser que le croiser sur son chemin était annonciateur de deuil, d'autant qu'il a la particularité d'émettre un piaulement de souris tout à fait saisissant ! Au Moyen Âge, tous les papillons ont mauvaise réputation : on pense qu'ils sont des esprits malfaisants, voleurs de lait et corrupteurs du beurre ; chose qui se retrouve aujourd'hui dans le mot anglais *butterfly,* la « mouche à beurre ». Si le sphinx à tête de mort dédaigne le lait, il est friand du miel des ruches, dans lesquelles il n'hésite pas à s'introduire. Le combat qui s'engage est alors sans merci. Bien souvent, il périra sous le dard des gardiennes et sa lourde carcasse sera momifiée sur place dans la cire, faute de pouvoir être évacuée.

1 Demi-deuil *Melanargia galathea*. Famille : Nymphalidés. **2** et **3** Gazé ou piéride de l'aubépine *Aporia crataegi*, femelle et mâle. Famille : Piéridés. **4** Piéride du navet *Pieris napi*. Famille : Piéridés. **5** Piéride du chou *Pieris brassicae*. Famille : Piéridés. **6** Thécla du chêne *Quercusia quercus*. Famille : Lycénidés.

Page ci-contre : Aurore ou piéride du cresson *Anthocharis cardamines*, mâle et femelle. Famille : Piéridés.

Chaque espèce de piéride a sa plante attitrée, sur laquelle les chenilles se prélassent, et sacrifient à leur appétit vorace. Chou, rave, navet, cresson… ce n'est là qu'un petit assortiment des produits de jardin qu'elles destinent à leurs solides mandibules. C'est peu dire qu'elles sont depuis toujours un véritable fléau pour les cultures. La piéride du chou est d'autant plus redoutable que, grande migratrice, elle étend ses méfaits jusqu'en Afrique du Nord — mais également en Inde, de l'Himalaya à la plaine du Gange. À peine moins clémente pour les vergers, la piéride de l'aubépine a pourtant moins bien supporté que sa consœur du chou l'apparition des insecticides modernes : considérablement raréfiée, l'espèce a même disparu d'Angleterre. Au sortir de leur chrysalide, les ailes encore humides, les jeunes piérides chassent de leurs intestins quelques gouttes d'un curieux liquide rouge, le méconium, résidu des lointaines agapes de la petite chenille. Multiplié à des milliers d'exemplaires, ce phénomène a engendré la croyance populaire des « pluies de sang » qui, mystérieusement, s'abattent sur les vergers au printemps…

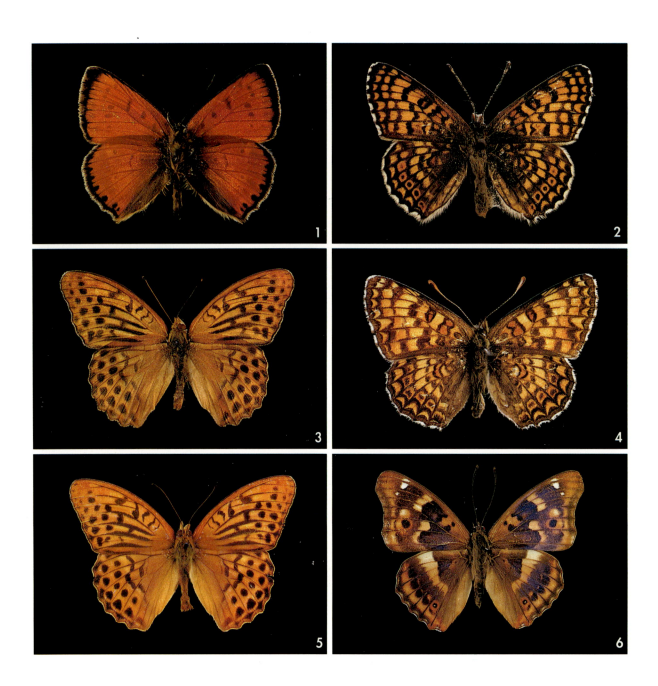

1 Argus satiné *Heodes virgaureae*. Famille : Lycénidés. **2** et **4** Mélitée du plantain *Melitaea cinxia*, mâle et femelle. Famille : Nymphalidés. **3** et **5** Tabac d'Espagne *Argynnis paphia*. Famille : Nymphalidés. **6** Petit mars changeant *Apatura ilia*. Famille : Nymphalidés.

Page ci-contre : Pacha à deux queues ou jason *Charaxes jasius*, face supérieure et revers. Famille : Nymphalidés.

Double page suivante : Isabelle *Graellsia isabellae*. Famille : Saturnidés.

L'isabelle est à coup sûr le joyau de l'Europe. Sa robe vert amande qu'on dirait touchée par une mystérieuse lumière lui a valu d'être appelée « papillon vitrail ». En France, elle ne fut découverte qu'en 1922 et attira d'autant plus la convoitise des collectionneurs que l'espèce y est très localisée. Dans les Alpes, tout particulièrement, sa présence déclencha une ruée de chasseurs, qui, au passage, saccagèrent les forêts de pins qu'elle affectionne. De telle sorte que, à la fin des années 70, elle se trouva menacée d'extinction... Excédés, les paysans locaux en vinrent à mettre la main à la fourche, et tout cela aurait très mal tourné si les pouvoirs publics n'avaient décidé, en 1979, d'inscrire ce papillon au rang des espèces protégées. En souvenir de cette victoire remportée de haute lutte, un timbre fut édité à son effigie l'année suivante.

1 Bombyx dyctéoïde *Pheosia gnoma*. Famille : Notodontidés. **2** Timide *Peridea anceps*. Famille : Notodontidés. **3** et **5** Disparate ou zigzag *Lymantria dispar*, mâle et femelle. Famille : Lymantridés. **4** Hermine *Cerura erminea*. Famille : Notodontidés. **6** Coquette ou zeuzère du marronnier *Zeuzera pyrina*. Famille : Cossidés.

Au passage d'Attila, l'herbe ne repoussait pas, disait-on. À celui du terrible disparate, ce sont les arbres qui sont en péril, quand ses chenilles impitoyablement polyphages déferlent en hordes sur les chênaies ou les vergers. En trois années d'assauts consécutifs, elles peuvent les défolier entièrement. L'espèce fut introduite aux États-Unis en 1869 dans l'espoir d'utiliser ses cocons pour la soie. Des spécimens d'expérimentation s'échappèrent alors et proliférèrent avec d'autant plus de virulence que le disparate n'a pas de prédateurs sur le continent américain. Les forêts commencèrent à retentir du bruit de millions de mandibules de chenilles en action — bruit comparable, rapportèrent les premiers témoins, à celui d'une averse sur le feuillage ! En quelques années, des milliers d'hectares étaient déjà dévastés... Pour combattre le fléau, les Américains utilisent aujourd'hui une « arme chimique » plus subtile que le D.D.T. : un concentré d'attractifs sexuels (phéromones) que les disparates femelles émettent naturellement. Attirés en un endroit précis, les mâles sont alors irradiés pour être stérilisés.

Page ci-contre : Grande queue fourchue *Cerura vinula*, mâle et femelle. Famille : Notodontidés.

1 Damier de la succise *Eurodryas aurinia*. Famille : Nymphalidés. **2** Petite tortue ou vanesse de l'ortie *Aglais urticae*. Famille : Nymphalidés. **3** Vulcain *Vanessa atalanta*. Famille : Nymphalidés. **4** Nacré de la filipendule *Brenthis hecate*. Famille : Nymphalidés. **5** et **6** Petit nacré *Issoria lathonia*, revers et face supérieure. Famille : Nymphalidés.

Souvent, chez les papillons, le revers des ailes est plus sombre que l'endroit. Il est moins susceptible d'attirer le regard des prédateurs quand l'insecte se tient en position de repos, les ailes bien repliées.

Page ci-contre : *Heodes hippothoe* (mâle) et *Heodes alciphron* (femelle). Famille : Lycénidés.

Double page suivante : Paon du jour *Inachis io*. Famille : Nymphalidés.

L'impression de tristesse qui se dégage des ocelles d'*Inachis io*, comme des yeux embués de larmes, a inspiré son nom — qui évoque celle que Zeus, par amour, transforma en génisse. L'histoire veut qu'un papillon se posa près de la malheureuse Io pour recueillir ses larmes... donnant naissance au paon du jour. Souvent présent comme symbole de l'amour dans la mythologie grecque, le papillon était désigné du même mot que l'âme, signe de la grande estime que les Anciens lui portaient.

Papillons des Amériques

❏

Le continent nord-américain, ou région « néarctique », se rattache par bien des aspects à l'Europe tempérée. Il n'est d'ailleurs guère plus riche en lépidoptères, avec un petit millier d'espèces diurnes recensées. Tout à l'inverse de la zone « néotropicale », qui abrite à elle seule, du Mexique au Brésil, plus de la moitié des papillons du monde ! Les plus beaux, les plus extraordinaires peuplent la « selva », la grande forêt amazonienne – une voûte végétale de 40 mètres de haut qui englobe la moitié du Brésil, le tiers du Pérou,

mais également la Bolivie, la Colombie, l'Équateur. Près de 1 800 espèces de papillons diurnes peuplent ses hautes frondaisons. Les plus recherchés sont les fabuleux morphos, dont les ailes irisées de bleu sont couramment utilisées pour la fabrication d'objets précieux. Bien moins connue, la faune des nocturnes réserve des surprises de taille, comme l'agrippine, dont les 30 centimètres d'envergure en font à ce jour le plus grand papillon du monde. Ce vaste écosystème, qui recèle le dixième des espèces animales et végétales du globe, et fournit le cinquième de notre oxygène, est pourtant en péril. Depuis les années 70, la déforestation va bon train, tant pour exploiter le sous-sol qui s'avère riche en minerais que pour installer de nouvelles zones de culture. En vingt ans, le dixième de la forêt amazonienne a déjà été décimé – l'équivalent, ou presque, de la superficie de la France. Chassées de leur habitat naturel, des centaines d'espèces de papillons sud-américains disparaissent ainsi chaque année sous l'assaut des bulldozers...

Page ci-contre : *Copiopteryx derceto.*
Famille : Saturnidés (Brésil).

Ci-dessus : *Parides erlaces.* Famille : Papilionidés (Pérou).

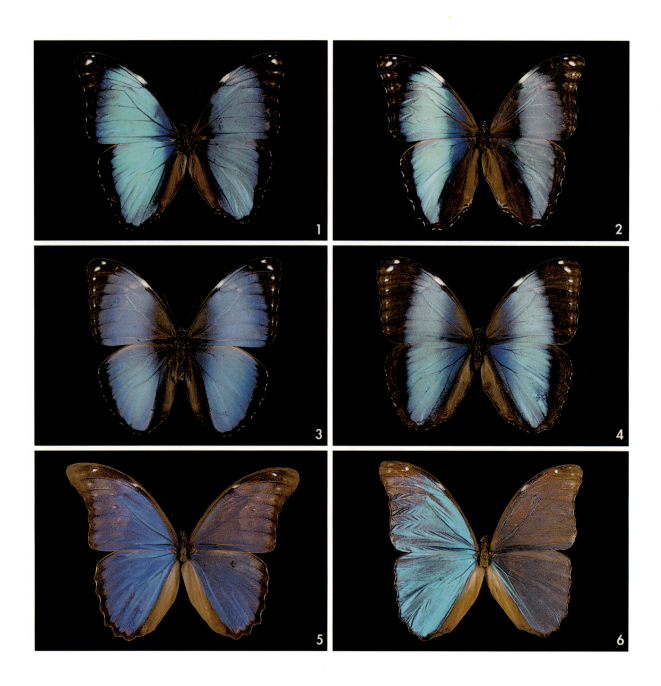

1 *Morpho electra*. Famille : Nymphalidés (Bolivie). **2** *Morpho deidamia*. Famille : Nymphalidés (Brésil). **3** *Morpho vitrea*. Famille : Nymphalidés (Colombie). **4** *Morpho leontius*. Famille : Nymphalidés (Bolivie). **5** *Morpho nestira* (16 centimètres). Famille : Nymphalidés (Brésil). **6** *Morpho menelaus*. Famille : Nymphalidés (Brésil).

Tiré du grec, morpho signifie « beau » ou « bien fait ». Ce qui est encore un euphémisme, eu égard aux étonnantes proportions de ces papillons (dont certains spécimens atteignent 20 centimètres d'envergure !) et à la splendeur de leurs ailes irisées. Ce chatoiement bleu, parfois perceptible à un kilomètre de distance, a conduit les Indiens du Brésil à donner au morpho le nom de « fragment du ciel tombé sur terre ». Quand un membre de la tribu disparaît, ils exécutent une danse sacrée où son vol puissant est imité — symbole de l'âme qui quitte le corps pour les contrées heureuses. Cette irisation varie selon l'inclinaison des ailes à la lumière. Elle est due à des stries microscopiques sur les écailles, qui ne réfractent que les rayons bleus du spectre lumineux. Chez certaines espèces, les femelles en sont dépourvues, leur robe est d'un jaune-brun assez peu seyant. Elles n'en sont pas moins très recherchées, car, à la différence des mâles, elles ne quittent jamais la haute cime des arbres, ce qui rend leur capture particulièrement difficile. À tel point que certaines sont encore inconnues des hommes, ou n'existent qu'à deux ou trois exemplaires dans les collections...

Page ci-contre : *Morpho violacea*, mâle et femelle. Famille : Nymphalidés (Brésil).

1 *Morpho hecuba* (20 centimètres). Famille : Nymphalidés (Brésil). **2** *Morpho aurora*. Famille : Nymphalidés (Bolivie). **3** *Morpho sulkowskyi*. Famille : Nymphalidés (Brésil). **4** *Morpho godarti*. Famille : Nymphalidés (Bolivie). **5** *Morpho zephyritis*. Famille : Nymphalidés (Pérou). **6** *Morpho cypris*. Famille : Nymphalidés (Colombie).

En raison de leur beauté, les morphos ont été impitoyablement pourchassés. Au début du siècle, il était de mode en Europe d'utiliser leurs ailes pour la marqueterie et la confection d'objets précieux. Aujourd'hui encore, on les exporte par milliers vers la Suisse pour l'ornementation de cadrans d'horloge. Ils alimentent aussi tout un artisanat indigène destiné aux touristes, qui va du plateau décoré à la cartoline « Souvenir des tropiques », peinte sur fond d'ailes, qui finira sur le buffet de cuisine... Piètre consolation pour les morphos, cette exploitation est aujourd'hui assurée par des papillons d'élevage. En Guyane, les bagnards de l'île du Diable s'étaient fait une spécialité de leur chasse. Ils construisaient dans la forêt de gigantesques plates-formes, grâce auxquelles ils attrapaient les farouches femelles au filet... à plus de 40 mètres du sol ! Pour les mâles, un simple leurre de papier bleu agité au bout d'une ficelle fait l'affaire — dotés d'une fort mauvaise vue, ils fondent droit sur lui, croyant à l'intrusion d'un congénère sur leur territoire...

Page ci-contre : *Morpho sp.* du groupe *Telemachus* et *Morpho cisseis*. Famille : Nymphalidés (Brésil).

Double page suivante : *Morpho rhetenor*. Famille : Nymphalidés (Guyane).

1 *Rescynthis mortii*. Famille : Saturnidés (Brésil). **2** *Thelea sp*. Famille : Saturnidés (Guatemala). **3** Sphinx de la patate *Agrius cingulata*. Famille : Sphingidés (Venezuela). Papillons du crépuscule, les sphinx se tiennent fréquemment en vol stationnaire face aux fleurs dont ils extirpent le nectar à l'aide de leur longue trompe — ce qui leur vaut parfois d'être comparés à de petits colibris ! Si leur action pollinisatrice est largement reconnue, certaines espèces peuvent occasionner de sérieux dégâts aux cultures. Comme *Agrius cingulata*, fort justement dénommé le sphinx de la patate, en raison de la prédilection vorace de ses chenilles pour les champs de patates douces d'Amérique centrale et du Sud. Leur nom de sphinx tire son origine des chenilles qui adoptent au repos une posture mystérieuse, évoquant celle du sphinx égyptien. **4** *Adeilacia jason*. Famille : Saturnidés (Brésil). **5** Sphinx strié *Protambulyx strigilis*. Famille : Sphingidés (Brésil). **6** *Rothschildia hesperus*. Famille : Saturnidés (Guyane).

Les espèces du genre *Rothschildia* sont les correspondantes sud-américaines des *Attacus* d'Asie. Leur nom fut donné en hommage à lord Walter Rothschild (1868-1937), qui fut en son temps le plus important collectionneur privé de papillons. Deux cent cinquante chasseurs professionnels travaillaient à sa solde aux quatre coins du monde, et lui rapportèrent au total plus de deux millions de spécimens — dont un grand nombre d'espèces inconnues. À sa mort, sa prestigieuse collection fut léguée au British Museum de Londres.

Page ci-contre : Détail de l'aile de *Rothschildia hesperus* grossie cent fois.

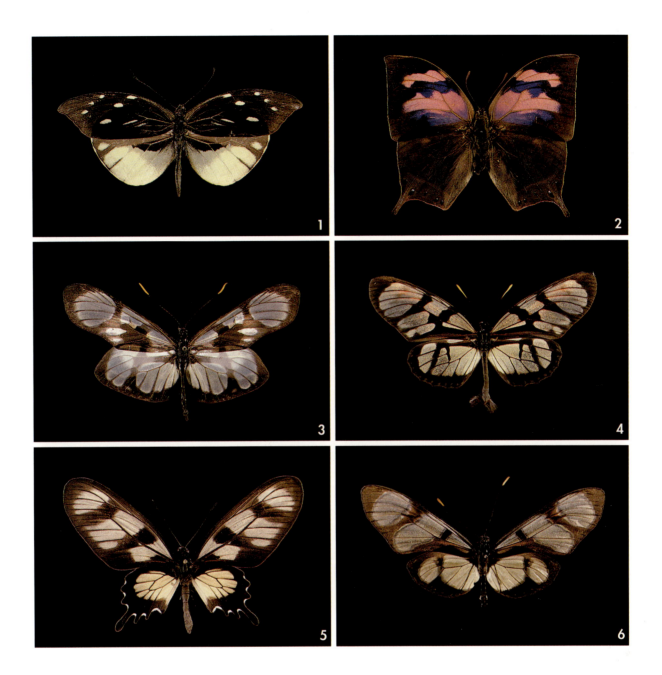

1 *Dismorphia nemesis*. Famille : Piéridés (Pérou). **2** *Anaea nessus*. Famille : Nymphalidés (Pérou). **3** *Dismorphia orise*. Famille : Piéridés. (Pérou). **4** *Lycorea iclione*. Famille : Nymphalidés (Pérou). **5** *Parides hahneli*. Famille : Papilionidés (Brésil). **6** *Thyridia psidii*. Famille : Nymphalidés (Pérou).

Page ci-contre : Papillon-lune américain *Actias luna*, mâle et femelle. Famille : Saturnidés (États-Unis).

Double page suivante : Grand monarque *Danaus plexippus*. Famille : Nymphalidés (États-Unis).

Chaque septembre, les monarques quittent en troupe les forêts denses du nord des États-Unis pour gagner leurs quartiers d'hiver du Texas et du Mexique — 3 200 kilomètres qu'ils parcourent en trois mois : le record absolu chez les papillons ! En chemin, ils se reposent sur des arbres-relais qui, inexplicablement, sont les mêmes de génération en génération. Véritable attraction touristique, leur passage est salué au sol par quantités de fêtes et de carnavals. En décembre, la nuée arrive au Mexique. Par dizaines de millions, les monarques s'agglutinent sur les forêts de cyprès, dont ils parviennent à faire plier les branches sous leur poids... Au printemps suivant, ils regagneront le nord. Quand les vents sont propices, les monarques peuvent traverser l'Atlantique et gagner l'Angleterre, s'agrippant au besoin au bastingage des navires... Au siècle dernier, ils ont étendu leur aire sur tout le Pacifique, en une progression impeccablement rythmée : Hawaï en 1845, îles Marquises en 1860, Nouvelle-Calédonie en 1870, Nouvelle-Zélande en 1874 — enfin Bornéo qui leur a ouvert la route des Indes.

1 *Phoebis argante*. Famille : Piéridés (Pérou). **2** *Phoebis rurina*. Famille : Piéridés (Pérou). **3** *Phoebis philea*. Famille : Piéridés (Mexique). **4** *Papilio bachus*. Famille : Papilionidés (Bolivie).

Page ci-contre : Chenille de cténuchide. Famille : Cténuchidés (Mexique).

Au Mexique, deux cents espèces d'insectes sont couramment consommées : des sauterelles aux fourmis, en passant par les œufs de punaises aquatiques (le « caviar mexicain »). Les chenilles sont tout autant appréciées, car leur chair est délicate et leur goût légèrement sucré. Entre autres spécialités, les *cupiches,* chenilles du papillon de l'arbouse, que l'on peut manger sur les marchés, ou acheter en conserve dans les grands magasins ! Les *gusanos de maguey* sont des larves de la grosseur du doigt qui se développent sur une variété d'agave. Grillées, elles remplacent avantageusement les olives et les petits fours à l'heure de l'apéritif. En entrée, accompagnées de purée d'avocats, d'oignons et de piments verts, elles garnissent de savoureux *tacos*... à relever d'un peu de jus de citron. Au dessert, impossible de résister aux « profiteroles mexicaines » : de délicieuses chrysalides nappées de chocolat fin. Tout cela est fort goûteux et, de l'avis des nutritionnistes, aussi riche en protéines qu'un vulgaire repas de viande rouge.

Double page suivante : Agrippine *Thysania agrippina*. Famille : Noctuidés (Mexique).

L'agrippine, *gavilana* au Mexique, est le plus imposant papillon connu au monde à ce jour, des spécimens de 30 centimètres d'envergure ont été capturés dans les forêts de Panama...

1 Julia *Dryas iulia*. Famille : Nymphalidés (Pérou). **2** *Heliconius melpomene*. Famille : Nymphalidés (Bolivie). **3** *Heliconius numata*. Famille : Nymphalidés (Venezuela). **4** Papillon-zèbre *Heliconius charitonia*. Famille : Nymphalidés (Mexique). **5** *Heliconius erato amazona*. Famille : Nymphalidés (Brésil). **6** *Heliconius burneyi catherina*. Famille : Nymphalidés (Brésil).

Longtemps, les héliconius ont vécu en bonne intelligence avec les fleurs de la passion, prélevant leur nectar et les pollinisant en retour. Les choses ont commencé à se gâter il y a quelques millions d'années, quand ils décidèrent de déposer leurs œufs sur la plante, entraînant une véritable razzia des larves sur les feuilles. Celle-ci répondit par un poison puissant. Loin d'intoxiquer les chenilles, la toxine fut assimilée par les héliconius qui, depuis, s'en servent de protection contre leurs prédateurs ! Certaines espèces de passiflores entreprirent alors de tromper visuellement les héliconius en se parant, au moment de la ponte, de feuilles inhabituelles, voire de faux œufs végétaux destinés à faire croire que la place était déjà prise. Bien joué, si ce n'est que les héliconius apprirent à détecter chimiquement les passiflores au moyen de leurs pattes. D'autres se parèrent de curieux poils en forme d'hameçon pour empaler les larves, que ces dernières déjouèrent bientôt par une reptation prudente. Cette guerre est loin d'être conclue, et l'on voit des passiflores attirer à elles, par un nectar spécial, des fourmis mangeuses de chenilles... en attendant la contre-attaque des héliconius.

Page ci-contre : *Heliconius hecale*, en haut, sous-espèce *quitalena*. Famille : Nymphalidés (Pérou).

1 *Anetia briarea*. Famille : Nymphalidés (Haïti). **2** *Baronia brevicornis*. Famille : Papilionidés (Mexique). **3** *Lycorea pasinuntia*. Famille : Nymphalidés (Guyane). **4** *Pericopis sp.* Famille : Arctidés (Bolivie). **5** *Danaus eresimus*. Famille : Nymphalidés (Venezuela). **6** *Papilio zagreus*. Famille : Papilionidés (Pérou).

Baronia brevicornis occupe une place à part dans la famille des papilionidés ; il est même une sous-famille à lui tout seul. Pourquoi cet honneur ? Parce qu'il est une sorte de « fossile vivant », l'ultime représentant de lignées ancestrales éteintes depuis des millions d'années : l'un des plus vieux papillons de jour du monde ! Les fossiles de papillons ne permettent pas de remonter très loin dans le temps, car leur corps se conserve mal dans les roches, à la différence d'autres insectes. Les plus anciens retrouvés datent de plus de 100 millions d'années (ils sont contemporains des dinosaures). Pour remonter à leur origine, il faudrait probablement multiplier ce chiffre par deux, mais ce qui est sûr, c'est qu'ils n'ont commencé à se développer qu'avec la prolifération des plantes à fleurs, il y a 70 millions d'années. Cela eut une conséquence énorme sur leur évolution : l'apparition de la trompe qui leur permet de sucer le nectar au fond des corolles, mais également le jus des fruits et l'eau des gouttes de rosée. Quelques papillons très archaïques sont dépourvus de cet appendice. Il s'agit toujours de nocturnes, lesquels sont apparus sur terre avant les papillons de jour.

Page ci-contre : *Smyrna blomfildia*, revers et face supérieure. Famille : Nymphalidés (Brésil).

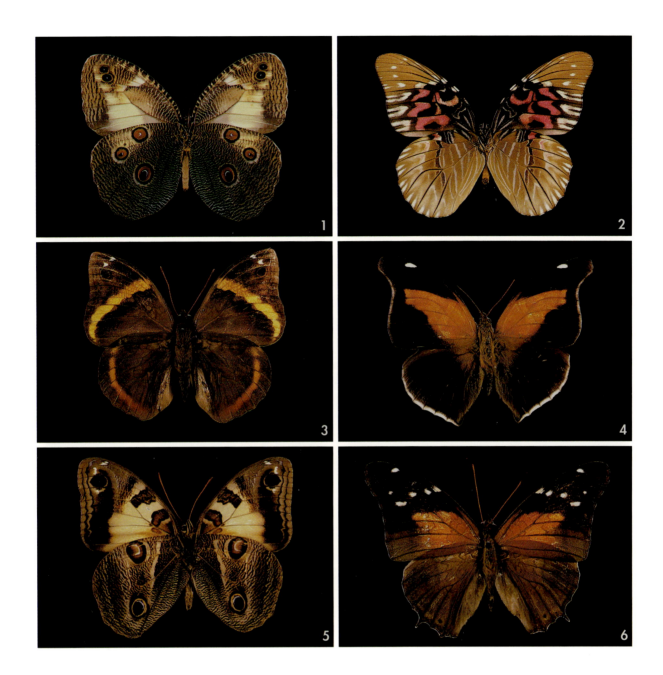

1 *Dasyopthalma creusa*. Famille : Nymphalidés (Brésil). **2** *Anetia thirza*. Famille : Nymphalidés (Salvador). **3** *Catoblepia sp.* Famille : Nymphalidés (Pérou). **4** *Historis odius*. Famille : Nymphalidés (Pérou). **5** *Opsiphanes batea*. Famille : Nymphalidés (Brésil). **6** *Coea acheronta*. Famille : Nymphalidés (Brésil).

Page ci-contre : *Eurytides serville*. Famille : Papilionidés (Pérou).

Double page suivante : Papillon-chouette *Caligo eurilochus*. Famille : Nymphalidés (Pérou).

Au crépuscule, les caligos aiment à se rassembler par milliers au-dessus des forêts. Toutes ailes déployées, ils produisent un effet saisissant. Moins par leur envergure, qui atteint souvent 15 centimètres, que par leurs grands ocelles, ouverts sur le monde comme un regard hypnotique de rapace, d'où leur nom de papillons-chouettes. Qu'une telle image s'affiche brusquement dans le clair-obscur d'un feuillage, nul doute que l'oiseau le plus téméraire en sera saisi d'effroi. D'autant que le leurre est entretenu par le dessin des écailles qui ajoute un effet de plumage autour des yeux ! De minuscules ocelles s'affichent également à la périphérie des ailes. Des études ont permis de supposer qu'il s'agirait d'un dispositif de défense supplémentaire. Ils ne viseraient pas comme les grands ocelles à provoquer d'« effet frayeur », mais à attirer les coups de bec du prédateur sur des parties non vitales du corps. Les caligos ne sont guère appréciés des planteurs, car leurs chenilles occasionnent de sérieux dégâts sur les bananiers. Dans une collection, en revanche, ils vaudront toujours... le coup d'œil.

1 *Hypoleria andromica*. Famille : Nymphalidés (Venezuela). **2** *Cithaerias aurorina*. Famille : Nymphalidés (Pérou). **3** *Helicorisa pagenstecheri*. Famille : Saturnidés (Brésil). **4** Esméralda *Cithaerias esmeralda*. Famille : Nymphalidés (Pérou). **5** *Cithaerias pyropina*. Famille : Nymphalidés (Pérou). **6** *Cithaerias sp*. Famille : Nymphalidés (Pérou).

Pour trouver les plus beaux papillons d'Amérique, les collectionneurs du monde entier savent où il faut aller. À Tingo Maria, au Pérou. Une petite ville située au cœur de la jungle amazonienne, dans la vallée du rio Huallaga. Si la forêt péruvienne recèle la plus grande faune de papillons au monde — 2 000 espèces diurnes et 20 000 nocturnes —, c'est à Tingo Maria que leur concentration est la plus forte. Ils sont si nombreux qu'il n'est pas besoin de filet pour les capturer, la main suffit... En quelques heures, on a fait le plein. Véritable Mecque des collectionneurs, Tingo Maria ne vit que des papillons. Aux « gringos » de passage, les hommes se proposent comme guides, tandis que les femmes façonnent à leur intention de délicats objets à base d'ailes. Pourtant, la ville n'attire plus guère d'amateurs aujourd'hui, les hôtels restent vides. Non pas que les papillons aient déserté les lieux, mais parce que Tingo Maria est devenue en quelques années un secteur dangereux... l'un des grands centres péruviens du trafic de la cocaïne.

Page ci-contre : *Ancyluris formosissima*. Famille : Riodinidés (Pérou).

En raison de leurs somptueuses couleurs les *Ancyluris* ont reçu le titre de « joyaux vivants ».

1 *Hamadryas feronia*. Famille : Nymphalidés (Brésil). Débarquant au Brésil dans les années 1830, Charles Darwin fut saisi d'étonnement par un étrange bruit de crécelle au-dessus de lui, perceptible à plus de 20 mètres à la ronde ! Levant la tête, force lui fut d'admettre que ce bruit provenait d'un petit *Hamadryas feronia*... Son « cri » fut l'objet de nombreuses discussions scientifiques, jusqu'à ce que l'on découvre qu'il était dû à la conformation particulière de ses ailes. **2** *Eurytides orthosilaus*. Famille : Papilionidés (Pérou). **3** *Metamorpha stelenes*. Famille : Nymphalidés (Pérou). **4** *Parides ascanius*. Famille : Papilionidés (Brésil). **5** *Danaus plexaure*. Famille : Nymphalidés (Pérou). **6** *Eurytides protesilaus*. Famille : Papilionidés (Brésil).

Les *Eurytides* sont remarquables par la transparence de leur voilure, plus sensible à certains endroits des ailes qu'à d'autres. Elle est due à une carence d'écailles. Celles-ci sont en effet à l'origine de la coloration des papillons. Disposées sur leur corps comme des tuiles sur un toit, elles contiennent des pigments qui souvent dérivent de leur alimentation — c'est ainsi que le rouge ou le vert peut être dû à la chlorophylle absorbée par les chenilles. Avec la trompe, les écailles sont ce qui différencie les papillons des autres insectes — d'où leur nom de lépidoptères, tiré du grec, qui signifie « ailes couvertes d'écailles ».

Page ci-contre : *Hamadryas amphinome*, revers et face supérieure. Famille : Nymphalidés (Pérou).

Double page suivante : *Helicopis trinitalis*. Famille : Riodinidés (Pérou).

1 *Prepona demophon*. Famille : Nymphalidés (Brésil). **2** *Prepona dexamenus*. Famille : Nymphalidés (Brésil). **3** *Prepona domophora extincta*. Famille : Nymphalidés (Brésil). **4** *Callithea leprieuri*. Famille : Nymphalidés (Brésil). **5** *Prepona sp.* Famille : Nymphalidés (Pérou). **6** *Prepona chromus*. Famille : Nymphalidés (Pérou).

Les *Prepona* sont les papillons de jour les plus colorés et les plus variés en ce qui concerne les dessins de leur livrée. Ce n'est pas coquetterie de leur part. Ces mosaïques sont autant de signaux optiques qui permettent aux individus de même espèce de se repérer. Ils sont surtout utiles pour le rapprochement des mâles et des femelles — à la différence des nocturnes, où ce sont les odeurs qui président à la reconnaissance des sexes. Les papillons sont dotés de deux globes latéraux qui ne sont pas à proprement parler les yeux, mais... une imbrication de milliers d'yeux simples (ou ommatidies). Chacun n'enregistre qu'une toute petite partie du champ visuel, la synthèse générale de l'image se faisant dans le cerveau. Chez certaines espèces, un globe peut contenir jusqu'à 12 000 ommatidies ! Cette débauche d'yeux n'accroît guère la performance des papillons qui ont, en réalité, une vue fort médiocre. Ils ne commencent à voir les couleurs qu'à partir de 3 ou 4 mètres, d'où l'intérêt pour eux d'arborer les livrées les plus vives. Chose curieuse, ils captent les ultraviolets (qui pour nous sont invisibles), mais sont incapables de percevoir les rouges...

Page ci-contre : *Thecla coranata*, revers et face supérieure. Famille : Lycénidés (Équateur).

1 *Callicore sp.* Famille : Nymphalidés (Pérou). **2** *Prepona buckleyana*. Famille : Nymphalidés (Bolivie). **3** *Callicore cynosura*. Famille : Nymphalidés (Pérou). **4** *Callithea sapphira*. Famille : Nymphalidés (Brésil). **5** *Callicore pastazza*. Famille : Nymphalidés (Pérou). **6** *Diaethria meridionalis*. Famille : Nymphalidés (Brésil). Quelquefois appelé 88 à cause du dessin apparaissant sur ses ailes.

Page ci-contre : *Callicore pitheas*, face supérieure et revers. Famille : Nymphalidés (Colombie).

Double page suivante : *Anaxita constricta*. Famille : Arctidés (Bolivie).

Les chenilles d'arctidés sont marquées par une pilosité développée. L'une d'entre elles, *Arctia caja*, est appelée l'« écaille hérissonne » en raison même de ses longs poils. Comme le hérisson, elle se met en boule sur le sol et dresse ses piquants, dès qu'elle est inquiétée par un prédateur. Ces poils sont une arme de défense et ils sont souvent toxiques. Les chenilles processionnaires, par exemple, libèrent de l'acide formique qui irrite fortement les oiseaux (hormis, curieusement, les coucous). Elles peuvent se révéler dangereuses pour l'homme qui tente de les saisir ; selon son degré de sensibilité au poison, il réagira par des crises d'urticaire ou de violentes poussées de fièvre (quelques cas mortels ont même été enregistrés). Aux États-Unis, la chenille velue la plus populaire est celle d'une petite écaille brune qu'on appelle l'« ours en peluche ». À l'approche de la mauvaise saison, les paysans se servent de sa « fourrure » comme d'un véritable baromètre : si les poils roux sont plus abondants que les noirs, l'hiver sera clément — si c'est le contraire, neige et blizzard sont à prévoir.

Papillons d'Asie et d'Océanie

❏

Le Japon et la Chine tempérée appar-tiennent au grand ensemble « paléarctique », au même titre que l'Europe et l'Afrique du Nord. La faune et la flore sont à peu près les mêmes que celles que l'on trouve sous nos climats. L'Asie du Sud-Est, en revanche, s'intègre, avec le sous-continent indien, dans la zone « orientale ». C'est le domaine de la jungle tropicale qui, tout au long de l'archipel malais, couvre près de 240 millions d'hectares – la deuxième du monde en superficie derrière la forêt d'Amazonie. Ses frondaisons épaisses abritent près de quatre mille espèces de papillons diurnes et des dizaines de milliers de nocturnes – parmi lesquels le fabuleux *Attacus atlas,* dont l'envergure, proche de 30 centimètres, est à peine inférieure à celle de l'agrippine sud-américaine. La Nouvelle-Guinée et l'Australie constituent un milieu à part, appelé la zone « australasienne ». Il y a quelque 135 millions d'années, elle était rattachée à l'Afrique et à l'Amérique du Sud au sein d'un même continent – ce qui explique le grand nombre d'espèces communes à ces trois régions. Les papillons les plus recherchés sont les ornithoptères des forêts de Nouvelle-Guinée. Ce sont les plus grands diurnes du monde, certaines espèces, comme l'ornithoptère de la reine Alexandra, atteignant jusqu'à 28 centimètres d'envergure ! Comme partout ailleurs, les papillons d'Asie et d'Océanie sont sérieusement menacés. Les cultures sur brûlis et le commerce des bois précieux entament d'année en année la grande forêt tropicale, amenuisant d'autant leurs niches écologiques.

Page ci-contre : *Appias zarinda.* Famille : Piéridés (île des Célèbes, Indonésie).

Ci-dessus : *Troides hypolitus.* Famille : Papilionidés (île des Célèbes, Indonésie).

1 et **6** Empereur du Japon *Sasakia charonda*, mâle et femelle. Famille : Nymphalidés (Japon). **2** *Papilio maackii*. Famille : Papilionidés (Japon).
3 *Ixias pyrene*. Famille : Piéridés (Chine). **4** *Parantica sita*. Famille : Nymphalidés (Japon). **5** *Hestina japonica*. Famille : Nymphalidés (Japon).

Au Japon, on dit que croiser un papillon dans sa maison est signe de bonheur à venir. Depuis toujours, son image est associée aux moments heureux de la vie des hommes. Ainsi de la « danse des papillons » qui, traditionnellement, ouvre les fêtes et rythme les cortèges. Deux papillons en papier figurent toujours comme témoins aux cérémonies de mariage. Semblables à nos Cupidons, ils mènent les jeunes époux à tire-d'aile sur les chemins de la félicité... Nul autre peuple au monde n'a témoigné d'une telle affection pour la petite gent ailée. À tel point qu'un de ces représentants, *Sasakia charonda*, appelé aussi l'empereur du Japon, est aujourd'hui un emblème national, représenté souvent sur les timbres. Depuis des millénaires, les artistes japonais s'inspirent des papillons pour décorer les porcelaines ou les soieries. Ils les associent souvent à la pivoine, la « rose du Japon » et l'on dit que, si les papillons volettent avec autant d'entrain dans le sillage des pivoines, c'est qu'ils sont ivres de leur parfum. Jamais l'Occident n'a manifesté un tel amour pour le papillon, perçu plutôt comme nuisible : en Europe, il est absent dans l'art pratiquement jusqu'à la Renaissance...

Page ci-contre : *Acraea issoria*, mâle et femelle. Famille : Nymphalidés (Japon).

1 *Delias hyparete*. Famille : Piéridés (Taiwan). **2** *Eurema sp*. Famille : Piéridés (Taiwan). **3** Bombyx de l'ailante *Samia cynthia*. Famille : Saturnidés (Chine). **4** *Danaus genutia*. Famille : Nymphalidés (Taiwan).

Page ci-contre : Chenille d'*Attacus sp*. Famille : Saturnidés (Taiwan).

La soie utilisée pour les textiles est produite par un grand nombre de chenilles de saturnidés, encore que celle du bombyx du mûrier (*Bombyx mori*) soit la plus réputée. En Chine, on la travaille depuis au moins le Ve millénaire avant notre ère, alors qu'elle est restée totalement inconnue des Hébreux ou des Égyptiens... Selon une légende rapportée par Confucius, l'impératrice Si Ling-chi aurait été la première à avoir dévidé la soie d'un cocon, qu'elle ramassa sous un mûrier et prit pour un beau fruit. À l'heure du thé, elle le fit tomber par mégarde dans sa tasse, ce qui eut pour effet de l'amollir — voulant le récupérer, de ses longs ongles, elle le dévida... Pour cela, Si Ling-chi a atteint le rang de divinité dans l'Empire céleste. Aujourd'hui encore, un culte lui est rendu. Le travail de la soie gardera longtemps un caractère sacré en Chine. Un décret impérial de 156 avant J.-C. prononce que seule l'impératrice est autorisée à cueillir de ses mains les feuilles de mûrier servant à nourrir les chenilles. Elle seule en contrôle l'élevage et choisit les soies avec lesquelles on tissera les habits rituels de l'empereur. Pendant deux mille ans, on punira de mort quiconque aura tenté de transmettre le secret de la soie à l'étranger...

Double page suivante : *Atrophaneura horishanus*. Famille : Papilionidés (Taiwan).

1 à 4 Chrysalides « dorées » d'*Euploea*. Famille : Nymphalidés (Indonésie).

Le nom de chrysalide dérive du grec *khrusos*, qui signifie or. Il fait référence aux curieux reflets métalliques que présentent, chez certaines espèces, ces « sacs à gestation » que sont les chrysalides. Celles du genre *Euploea* ont un éclat particulièrement intense. Elles font l'admiration des promeneurs qui, d'aventure, les découvrent dans les forêts de l'archipel malais (mais aussi en Inde ou en Chine). Leur brillance dorée est exceptionnelle, comme des trouées de soleil dans les feuillages pour peu que la lumière les inonde. La tentation est grande alors d'emporter quelques spécimens avec soi, dans l'idée peut-être d'en faire de précieux objets de décoration (comme c'est le cas en Amérique du Sud avec les ailes de morphos). Hélas, le phénomène ne se laisse pas saisir, car il est complètement illusoire ! On s'en apercevra assez vite si la chrysalide a subi en chemin un mauvais choc et qu'elle est morte à l'arrivée — son aspect sera alors des plus ternes. Envolé l'éclat, et à jamais ! Car le phénomène est lié à la respiration de la chrysalide ; il est provoqué par de minuscules bulles d'air qui viennent se loger dans son tégument, son envelope externe. Au contact de la lumière, ces bulles donnent le phénomène de brillance qui n'est qu'un effet d'optique, comme les miroitements d'eau qu'on voit parfois sur les routes. Face à un tel spectacle, la meilleure chose à faire est encore de ne pas déranger la petite chrysalide dans son sommeil, mais de confier à son appareil photo le soin de l'enregistrer...

1 *Euploea phaenareta*. Famille : Nymphalidés (île de Céram, Indonésie). **2** *Euploea sp.* Famille : Nymphalidés (Irian-Jaya, Nouvelle-Guinée). **3** *Euploea tobleri*. Famille : Nymphalidés (Philippines). **4** *Euploea redtenbacheri*. Famille : Nymphalidés (île des Célèbes, Indonésie).

On emploie indifféremment le terme de chrysalide ou de nymphe pour désigner le stade de transition par lequel la chenille se transforme en papillon (ou imago). Pour cela, elle s'enfouit, ou choisit de se laisser pendre à un feuillage, la tête en bas, retenue par un mince fil de soie. Elle est souvent protégée dans un cocon, qui peut être de soie pure ou mélangée à des brindilles et à de la terre : ainsi il est renforcé et moins visible par le prédateur. Commence la nymphose. La chrysalide est immobile — jusqu'à son terme, elle ne s'alimentera pas, vivant des seules ressources énergétiques accumulées par la chenille. Son épiderme va se racornir, et son corps peu à peu se disloquer, pour se recomposer, à la façon d'un véritable puzzle, aux formes du futur papillon. Le moment de l'éclosion approche. L'épiderme se déchire ; les pattes se libèrent, puis c'est le tour des antennes et des ailes — enfin, l'imago tout entier apparaît. Le temps de déployer ses ailes encore humides, il a déjà pris son vol dans l'azur...
Un spectacle saisissant, dans lequel les Grecs, et à leur suite les premiers chrétiens, ont vu comme une personnification de la destinée humaine — l'âme, comme la chrysalide, devra quitter son enveloppe charnelle pour gagner l'au-delà...

1 *Delias henningia voconia*. Famille : Piéridés (Philippines). **2** *Graphium delesserti*. Famille : Papilionidés (Palawan, Philippines). **3** *Parantica dannatti*. Famille : Nymphalidés (Philippines). **4** *Paraeronia boebera*. Famille : Piéridés (Philippines). **5** *Cepora aspasia orantia*. Famille : Piéridés (Mindanao, Philippines). **6** *Chilasa clytia*. Famille : Papilionidés (Palawan, Philippines).

Ancrées dans la mer de Chine, les Philippines égrènent leur chapelet d'îlots volcaniques, d'où émergent les grands territoires de Luçon, Palawan et Mindanao. Ces milieux naturellement fermés abritent près de 800 espèces de papillons diurnes. La moitié environ y est endémique, ayant évolué sans contact avec l'extérieur au cours de millions d'années. Malheureusement, les Philippines ont été victimes d'un véritable sac écologique, car leurs forêts abondent en bois précieux, comme l'ébène. C'est ainsi que 10 millions d'hectares ont été déforestés au cours des cinquante dernières années pour les besoins de l'exportation. Frappés dans leur habitat naturel, les papillons s'en sont trouvés dangereusement appauvris, d'autant qu'ils sont eux-mêmes la proie des chasseurs mercantiles. Des papillons aussi exceptionnels que les paons de Luçon, strictement cantonnés au nord de l'île, sont aujourd'hui en voie d'extinction, alors qu'ils n'ont été découverts qu'en 1965... Depuis peu, le commerce des bois est interdit aux Philippines, mais le bilan reste lourd, et il faut maintenant protéger les papillons.

Page ci-contre : *Papilio palinurus,* femelle et mâle. Famille : Papilionidés (Philippines).

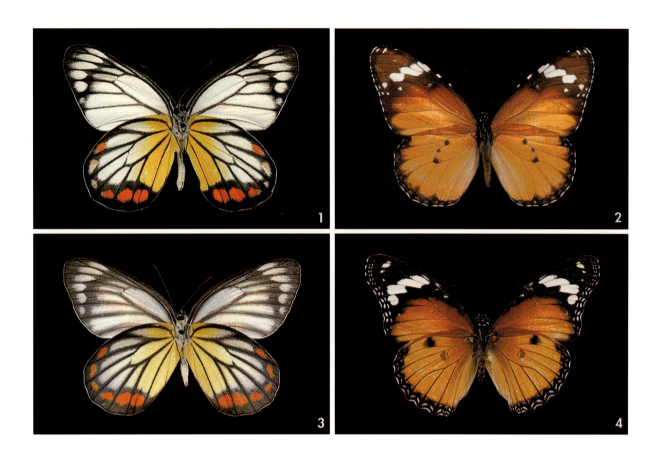

1 et **3** *Delias hyparete*, mâle et femelle. Famille : Piéridés (Philippines). **2** Petit monarque *Danaus chrysippus*. Famille : Nymphalidés (Philippines). **4** *Hypolimnas misippus*. Famille : Nymphalidés (Philippines).

Bien que christianisés, les Philippins conservent de profondes influences bouddhistes qui les conduisent à considérer le papillon avec respect. N'est-il pas celui à qui le Bouddha réserva son dernier discours avant de mourir ? Comme partout en Asie, les papillons de nuit sont particulièrement vénérés, car on pense qu'ils sont la manifestation des âmes défuntes et les protecteurs des vivants. Une légende raconte qu'un vieillard endeuillé par la perte de sa bien-aimée pleura de longs jours sur son tombeau, jusqu'à ce qu'un grand papillon blanc, touché par sa douleur, l'amène la rejoindre au royaume des esprits... Le papillon de jour est de réputation plus légère, il symbolise la frivolité de l'amour, opinion qui se retrouve en Occident lorsqu'on dit de l'amant volage qu'il... « papillonne ». Au Laos, qualifier une femme de « bombyx » *(sa-kon-bi)* fait tout à la fois injure à sa vertu et honneur à ses capacités amoureuses. Le mot fait référence aux appétits démesurés de la femelle de *Bombyx mori,* qui peut rester si longtemps accouplée que bien souvent le mâle en meurt d'épuisement !

Page ci-contre : *Attacus lorquini*. Famille : Saturnidés (Philippines).

Les *Attacus* donnent d'imposants papillons de nuit, dont certains atteignent 25 centimètres d'envergure. Le plus petit nocturne, *Nepticula malella*, ne fait que 3 millimètres...

Double page suivante : *Bhutanitis lidderdalii*. Famille : Papilionidés (Chine).

1 *Idea lynceus*. Famille : Nymphalidés (Malaisie). **2** *Ideopsis gaura*. Famille : Nymphalidés (Malaisie). **3** *Troides amphrysus*. Famille : Papilionidés (Malaisie). **4** *Delias hyparete*. Famille : Piéridés (Malaisie). **5** *Neorina lowii*. Famille : Nymphalidés (Malaisie). **6** *Idea blanchardi*. Famille : Nymphalidés (Malaisie).

Dans l'archipel malais, les *Idea* sont appelés *kupu surat*, les « papillons messages ». Comme des missives transmises par le vent, ils portent les décrets des esprits du monde. C'est ainsi qu'on guette au printemps qui, des papillons blancs ou jaunes, apparaîtront les premiers.
Un proverbe dit : « Si le papillon jaune est le premier, il y aura beaucoup de lait et de beurre dans l'année. »

Page ci-contre : *Trogonoptera brookiana*, mâle et femelle. Famille : Papilionidés (Malaisie).

Trogonoptera brookiana fut découvert en 1855 par Alfred Russel Wallace, l'un des pères avec Darwin de la théorie de l'évolution. En 1848, il s'embarque pour l'Amazonie, où, quatre ans durant, il engrange les espèces les plus rares. Au moment de repartir, son bateau prend feu, tous ses trésors sont perdus. Loin de se décourager, Wallace reprend la route, mais cette fois pour l'Asie. En huit ans, il découvrira 6 000 espèces d'insectes nouveaux, dont *T. brookiana*, appelé ainsi en l'honneur de James Brooke, officier britannique couronné roi du Sarawak, surnommé le « Rajah blanc ».

Double page suivante : Papillon-lune indien *Actias selene*. Famille : Saturnidés (Inde).

1 *Nyctalemon sp.* Famille : Uranidés (Indonésie). **2** *Hebomoia glaucippe.* Famille : Piéridés (Indonésie). **3** *Papilio lorquinianus.* Famille : Papilionidés (Indonésie). **4** *Hebomoia leucippe sulfurea.* Famille : Piéridés (île de Céram, Indonésie). **5** *Appias lyncida.* Famille : Piéridés (île de Céram, Indonésie). **6** Voilier lustré *Papilio paris gedensis.* Famille : Papilionidés (île de Java, Indonésie).

Les *Hebomoia* d'Asie sont les plus grands piéridés du monde — certaines espèces atteignent 10 centimètres d'envergure, le double de la moyenne familiale. Comme très souvent chez cette famille, la couleur jaune est prédominante, ce qui a valu à certaines espèces le nom de « citrons » ou de « soufrés ». Ce jaune est produit par des pigments particuliers (les ptérines) qui résultent d'une accumulation d'acide urique dans leurs écailles. Il est propre aux piéridés, car le jaune des autres papillons découle plutôt des substances végétales qu'ils absorbent (comme le carotène des carottes). La coloration des papillons est infiniment complexe. Bien souvent, la couleur qui ressort n'est que la superposition d'une infinité de pigments. À cela s'ajoutent de nombreux effets produits par la lumière sur les écailles, qui peuvent chambouler du tout au tout la couleur pigmentaire. Les écailles de certains *Hebomoia* sont, par exemple, violettes à la lumière, mais, combinées au rouge des pigments, elles rendent le papillon rose-orangé… La plus grande fantaisie règne en la matière.

Page ci-contre : *Papilio ulysses autolycus,* mâle et femelle. Famille : Papilionidés (Irian-Jaya, Nouvelle-Guinée).

1 *Parantica timorica*. Famille : Nymphalidés (île de Timor, Indonésie). **2** *Parantica aspasia*. Famille : Nymphalidés (île de Sumatra, Indonésie). **3** *Troides rhadamantus*. Famille : Papilionidés (Indonésie). **4** *Ideopsis vitrea*. Famille : Nymphalidés (île des Célèbes, Indonésie). **5** *Losaria coon coon*. Famille : Papilionidés (île de Java, Indonésie). **6** *Troides hypolitus*. Famille : Papilionidés (île des Célèbes, Indonésie).

Les *Troides* constituent une vingtaine d'espèces, dont *hypolitus* est la plus recherchée, en raison de sa belle envergure (souvent supérieure à 15 centimètres). Bien que son vol soit lourd et empêtré, il est pratiquement impossible de prendre la femelle sur le vif. Elle quitte rarement les hautes frondaisons de la forêt, à quelque 40 mètres du sol... Pour fournir les collectionneurs, les autochtones doivent recourir à un subterfuge. Ils se sont aperçus que ses chenilles ne se développaient que sur des variétés géantes d'aristoloches, des lianes qui descendent des grands arbres sur parfois 20 ou 30 mètres. Aussi construisent-ils de vastes claies dans la forêt, sur lesquelles ils font pousser ces aristoloches. Invariablement, les femelles sont attirées et y déposent leurs œufs. Les chenilles apparaîtront, puis les chrysalides, et il ne restera plus qu'à attendre l'éclosion des papillons... à portée de main des récolteurs.

Page ci-contre : *Atrophaneura priapus*, mâle et femelle. Famille : Papilionidés (île de Java, Indonésie).

Double page suivante : *Taenaris selene*. Famille : Amathusidés (île de Céram, Indonésie).

141

1 *Ornithoptera tithonus* (14 centimètres). Famille : Papilionidés (Irian-Jaya, Nouvelle-Guinée). **2** *Ornithoptera goliath* (14 centimètres). Famille : Papilionidés (Irian-Jaya, Nouvelle-Guinée). **3** *Ornithoptera priamus arruana* (17 centimètres). Famille : Papilionidés (Nouvelle-Guinée). **4** *Ornithoptera victoriae epiphanes* (18 centimètres). Famille : Papilionidés (îles Salomon).

Principalement cantonnés à la Nouvelle-Guinée, les ornithoptères sont les plus grands papillons de jour du monde. Record absolu : 28 centimètres ! Les femelles peuvent atteindre jusqu'au double de l'envergure des mâles, mais ces derniers se rattrapent par le chatoiement unique de leur livrée, tout en or et en vert. Ils entrent traditionnellement dans la décoration des cases indigènes. Les cinquante espèces existantes sont parmi les plus rares dans les collections, car elles sont difficiles à capturer. Elles ne quittent jamais les hautes frondaisons de la jungle. De telle sorte que les explorateurs du siècle dernier les faisaient tirer par les Papous : ils utilisaient des flèches à bout fourchu qui les emprisonnaient en plein vol. D'autres durent se résigner à les faire tomber au fusil... Parmi les grandes raretés figurent les ornithoptères de paradis — dont la splendeur rivalise en effet avec celle des oiseaux du même nom. Sachez que leur acquisition (et celle de quelques autres espèces) vous en coûtera la bagatelle de 3 000 francs Il s'agira de papillons d'élevage, car les espèces sauvages sont aujourd'hui sévèrement protégées.

Page ci-contre : Ornithoptère de paradis *Ornithoptera paradisea*, mâle et femelle (16 centimètres). Famille : Papilionidés (Irian-Jaya, Nouvelle-Guinée).

1 *Ornithoptera croesus*. Famille : Papilionidés (îles Moluques). **2** *Parantica weiskei*. Famille : Nymphalidés (Nouvelle-Guinée) **3** *Delias catisa*. Famille : Piéridés (Nouvelle-Guinée). **4** *Delias meeki*. Famille : Piéridés (Nouvelle-Guinée). **5** *Delias toxopei*. Famille : Piéridés (Nouvelle-Guinée). **6** *Graphium weiskei*. Famille : Papilionidés (Nouvelle-Guinée).

Par sa superficie, la Nouvelle-Guinée est la deuxième île du monde, derrière l'Australie. C'est le domaine de la forêt pluviale. Un « océan vert » plus vaste que la France, retentissant sans fin du bruit des perroquets, d'où émergent les palmiers gulubia de 50 mètres de haut. Plus de 800 espèces de papillons diurnes évoluent ici, mais combien restent à découvrir ? Car le territoire est encore largement inconnu — les premiers explorateurs, au siècle dernier, sont d'ailleurs des naturalistes, comme l'Italien d'Albertis ou l'infatigable Wallace. L'élevage des papillons est devenu, en quelques années, une importante source de revenus pour la Papouasie, un État indépendant depuis 1975, à l'ouest de l'île. À Bulolo, une centrale d'achat supervise l'activité de milliers de chasseurs papous qui sillonnent la forêt pour son compte. D'autres, par ses soins, se sont convertis à l'élevage des chenilles dans leurs jardins. Environ 90 % des papillons de Bulolo sont aujourd'hui exportés en direction des collectionneurs du monde entier, le reste étant destiné à l'artisanat.

Page ci-contre : *Papilio laglaizei*, femelle et mâle. Famille : Papilionidés (Nouvelle-Guinée).

Double page suivante : *Ornithoptera priamus urvillianus*. Famille : Papilionidés (île Bougainville).

1 *Prothoe australis*. Famille : Nymphalidés (Papouasie, Nouvelle-Guinée). **2** *Ornithoptera goliath titan*. Famille : Papilionidés (Papouasie, Nouvelle-Guinée). **3** *Papilio euchenor*. Famille : Papilionidés (Nouvelle-Guinée). **4** *Charaxes latona*. Famille : Nymphalidés (îles Moluques). **5** *Parthenos sylvia*. Famille : Nymphalidés (îles Moluques). **6** *Parantica pumila*. Famille : Nymphalidés (Nouvelle-Calédonie).

Page ci-contre : *Papilio ulysses joesa*, mâle et femelle. Famille : Papilionidés (Australie).

L'Australie n'est pas seulement le pays des déserts, c'est aussi celui des forêts tropicales où vivent près de 400 espèces de papillons diurnes (dont la moitié n'existe qu'ici). Les plus recherchés sont les papillons ulysses à la livrée bleue nacrée — presque aussi beaux que les morphos d'Amazonie, et vendus tout aussi cher aux collectionneurs du monde entier (premiers clients : les Japonais). Les mâles sont particulièrement sensibles à la couleur bleue qu'ils identifient à celle de leurs femelles. Ils peuvent, fait rare chez les papillons, la détecter jusqu'à 30 mètres ! Il est donc assez facile de les attirer par des leurres de papier bleu. Les ulysses suscitent autant la convoitise que certaines espèces rares d'orchidées. Les uns et les autres ont beau être des espèces protégées, les braconniers sont légion et provoquent d'importantes déprédations. Aussi les autorités leur appliquent-elles des peines d'une sévérité exemplaire — de six mois à deux ans de prison pour le moindre délit.

Double page suivante : *Charaxes eurialus*. Famille : Nymphalidés (île de Céram, Indonésie).

Papillons étranges

Près de 165 000 espèces de papillons ont déjà été décrites, et, chaque année, des centaines de spécimens nouveaux sont découverts. Nombre faramineux, comparé aux 8 600 sortes d'oiseaux qui volent de par le monde. Quelques millimètres pour les plus petits, 30 centimètres pour les plus grands, certains diurnes, d'autres nocturnes : pour l'entomologiste chargé de les répertorier, la tâche est rude ; pour l'amateur, c'est un véritable casse-tête ! Les sciences naturelles disposent pourtant d'un système de classification efficace, dont l'invention est due au biologiste suédois Carl von Linné (1707-1778). Il consiste à donner à tout papillon deux noms en latin. Le premier, toujours avec une majuscule, définit le « genre » ; le second l'« espèce ». Cette dernière est l'unité de base du vivant – elle intègre les individus qui se reproduisent naturellement entre eux. La découverte d'une sous-espèce locale peut s'accompagner d'un troisième nom si ses traits sont suffisamment distincts. La base ainsi définie, on remonte aux « familles », vastes agrégats d'espèces que réunissent des caractéristiques physiques communes (comme la structure des ailes). L'ensemble des familles (une centaine au total) va constituer l'« ordre » des lépidoptères, qui s'inscrit lui-même dans la « classe » des insectes.

Page ci-contre : Les espèces ne se reproduisent qu'entre elles. Mais cette loi naturelle est exceptionnellement transgressée ; l'union de ces deux nymphalidés malgaches, *Junonia oenone epiclelia* et *Junonia rhadama*, a donné naissance à un curieux hybride (au milieu), lequel ne se reproduira pas.

Ci-dessus : *Kallima inachus* (papillon-feuille de Boisduval). Famille : Nymphalidés (Japon).

1 *Anaea fabius.* Famille : Nymphalidés (Brésil). **2** *Anaea archidona.* Famille : Nymphalidés (Colombie). **3** *Anaea xenocles.* Famille : Nymphalidés (Pérou). **4** *Anaea marthesia.* Famille : Nymphalidés (Pérou). **5** et **6** Papillon-feuille *Kallima paralekta*, face supérieure et revers. Famille : Nymphalidés (Malaisie).

La livrée des papillons agit souvent comme une véritable tenue de camouflage, destinée à tromper la vigilance des prédateurs. Généralement, l'insecte se contente de se fondre avec la couleur dominante de son milieu — d'où l'abondance des formes brunes qui passent inaperçues dans la végétation. On parle alors d'homochromie, de camouflage par la couleur. Certaines espèces vont bien plus loin. Elles modèlent leur forme (homomorphie) sur des éléments précis du paysage, écorces, mousse ou lichens, sur lesquels elles aiment se poser. Les *Kallima* indo-malais sont parmi les plus remarquables avec le revers de leurs ailes qui imite à la perfection les feuilles mortes. Posés sur une branche, les ailes rabattues, ils sont parfaitement indétectables. Leur maquillage force l'admiration, tout y est : de la représentation des nervures à la terminaison pointue des ailes... en queue de feuille (quand le papillon se pose, il s'assure qu'elle est bien au contact de l'arbre, comme un véritable pétiole). Ce n'est pas tout, la robe est également parcourue de petites taches grises qui imitent jusqu'à la moisissure et les trous de vers dans les feuilles mortes !

Page ci-contre : Papillon-feuille *Kallima paralekta*. Famille : Nymphalidés (Malaisie).

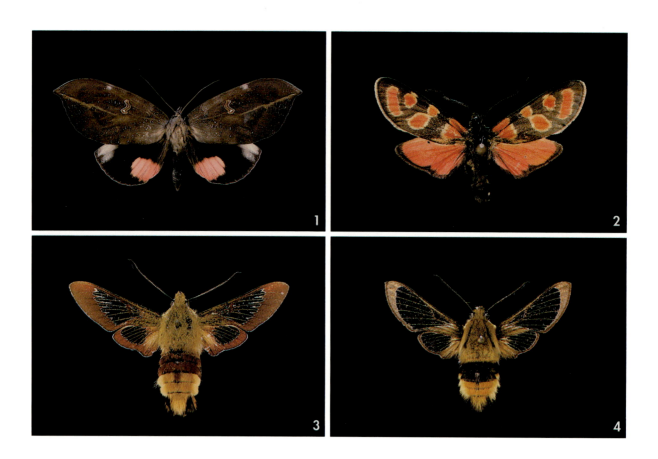

1 *Phyllodes sp.* Famille : Noctuidés (Indonésie). **2** *Zygaena carniolica.* Famille : Zygénidés (Europe). **3** Sphinx du chèvrefeuille *Hemaris fuciformis.* Famille : Sphingidés (Europe). **4** Sphinx gazé *Hemaris tityus.* Famille : Sphingidés (Europe).

Plutôt que d'utiliser les couleurs pour se cacher, certains papillons préfèrent au contraire arborer les livrées les plus vives et les plus criantes qui soien Il s'agit pour eux de se faire repérer de loin par les prédateurs. Car ils appartiennent à des espèces non comestibles, toxiques ou nauséabondes, que signalent leurs « couleurs avertissantes » (ou de mise en garde). Pour y avoir goûté au moins une fois dans leur vie, les prédateurs savent en général qu'il ne faut pas s'y frotter. Tel est le cas de la petite *Zygaena carniolica*, dont la robe parsemée de taches rouges avertit les oiseaux qu'il ne ferait pas bon la croquer : son sang transporte un des poisons les plus dangereux qui soient, du cyanure ! Ainsi peut-elle emprunter ce vol lent et insouciant qui la caractérise, quand elle est dans leurs parages.

Page ci-contre : Sésie-frelon ou sésie apiforme *Sesia apiformis.* Famille : Sésidés (Europe).

De la même façon que certaines espèces de sphinx imitent les abeilles, *Sesia apiformis* a modelé son apparence sur celle des frelons. Elle pousse la ruse jusqu'à imiter leur vol lourd et hésitant, qu'elle accompagne d'un bourdonnement tout à fait significatif ! C'est pourtant le plus inoffensif des papillons, dénué du moindre venin, mais ce leurre souverain suffit à intimider les prédateurs...

1 *Papilio agestor*. Famille : Papilionidés (Thaïlande). L'espèce comestible *agestor* mime *P. sita*, un papillon protégé d'une autre famille que la sienne. **2** *Parantica sita*. Famille : Nymphalidés (Thaïlande). **3** *Papilio laglaizei*. Famille : Papilionidés (Nouvelle-Guinée). Phénomène rare, le papillon de jour *P. laglaizei* à la même livrée que le nocturne *Alcidis agathyrsus*. Tous deux étant naturellement protégés, il s'agit d'un mimétisme de type « müllerien », et il est difficile de savoir lequel des deux, le premier, a commencé à mimer l'autre. **4** *Alcidis agathyrsus*. Famille : Uranidés (Nouvelle-Guinée).

Des espèces sont naturellement protégées par les substances toxiques de leur organisme, qu'elles signalent aux prédateurs par la couleur de leur livrée. Des papillons privés de telles défenses parviennent cependant à contourner la difficulté en imitant ces premières. Ils ne copient pas seulement leurs couleurs, mais également leurs formes et leur comportement. Les prédateurs les éviteront aussi sûrement que les espèces non comestibles… On donne à cette tromperie, la plus élaborée qui soit chez les papillons, le nom de mimétisme « batésien ». Il se distingue d'une autre forme de mimétisme, dit « müllerien », qui apparaît lorsque plusieurs espèces non comestibles décident de se copier mutuellement. En empruntant la même livrée, elles accroissent d'autant l'efficacité du signal de mise en garde.

Page ci-contre : *Graphium idaeoides* et *Idea leuconoe* (Philippines).

Protégé des prédateurs par sa toxicité, *Idea leuconoe*, un nymphalidé (en bas) est mimé par un papilionidé, *Graphium idaeoides* (en haut), qui a reçu tout naturellement le nom de *Graphium* « en forme d'*Idea* »…

Double page suivante : *Loxolomia serpentina*. Famille : Saturnidés (Amérique du Sud).

160

1 à **4** *Papilio dardanus meseres* (femelles). Famille : Papilionidés (Rwanda).

Le *Papilio dardanus,* espèce très comestible de la faune africaine, est celui qui a poussé le plus loin le mimétisme batésien. Ses femelles empruntent jusqu'à quarante formes différentes (ou morphes), selon les espèces qu'elles copient. À l'inverse des mâles qui se distinguent par leur livrée unique. En conséquence, l'espèce est marquée par un très fort « polymorphisme », ou démultiplication de la forme standard.
Pour accroître leurs performmances, les femelles ont depuis longtemps abandonné la queue à l'extrémité des ailes postérieures, jugée trop voyante ; elle caractérise toujours les mâles.

Page ci-contre : *Papilio dardanus meseres* (mâle). Famille : Papilionidés (Rwanda).

165

1 et **2** *Euprepia diva*. Famille : Arctidés (Russie). Chez cette espèce, le dimorphisme sexuel est très prononcé. La femelle (à droite) naît avec des ailes atrophiées et mesure 1 centimètre, pour 4 centimètres chez le mâle (à gauche). **3** et **4** *Papilio demodocus*. Famille : Papilionidés (Madagascar). La forme *carieri* (à gauche) est accidentelle ; elle est due à un gène récessif qui n'apparaît qu'une fois sur des milliers de cas. Elle se distingue nettement de la forme nominale (à droite).

On parle de dimorphisme quand une même espèce présente deux aspects radicalement différents. On le rencontre dans les nombreuses variations qui existent entre les mâles et les femelles (dimorphisme sexuel). Le comble est atteint quand ces dernières naissent sans ailes, ou avec des ailes atrophiées — car elles sont destinées non pas à voler, mais seulement à recevoir la semence des mâles... Dans le dimorphisme saisonnier, la différence est imposée par les conditions climatiques. Selon la saison où apparaissent les individus, la coloration peut changer du tout au tout. En région tempérée, certaines espèces présentent des formes de printemps généralement plus claires que les formes d'été. De cette façon, leur livrée de camouflage est plus adaptée à la coloration du milieu. En climat tropical, la différence s'exerce plutôt entre saison sèche et saison des pluies.

Page ci-contre : *Junonia octavia*. Famille : Nymphalidés (Rwanda).

La forme *sesamus* (en haut) est celle des papillons qui naissent à la « saison sèche ».
Elle est sensiblement plus sombre que la forme « saison humide » (en bas).

1 *Charaxes etheocles*, forme *vetula*. Famille : Nymphalidés (République centrafricaine). Gynandromorphisme bilatéral. **2** *Charaxes cynthia cameroonensis*. Famille : Nymphalidés (République centrafricaine). Gynandromorphisme en mosaïque. **3** *Charaxes etheocles*. Famille : Nymphalidés (République centrafricaine). Gynandromorphisme bilatéral. **4** *Charaxes tiridates tiridatinus*. Famille : Nymphalidés (République centrafricaine). Gynandromorphisme bilatéral et en mosaïque.

Lors de la croissance des embryons, des accidents génétiques peuvent survenir, entraînant d'étranges anomalies dans l'organisme. C'est le cas des papillons gynandromorphes, curieux assemblages de mâles et de femelles. Ils sont « bilatéraux » lorsqu'ils sont rigoureusement mâles d'un côté, et femelles de l'autre. Le dérapage s'est produit lors de la première division cellulaire de l'œuf, laquelle détermine le sexe des individus. Dans le cas du gynandromorphisme « en mosaïque », l'erreur s'est produite à un stade plus tardif de l'évolution de l'embryon, et elle ne porte que sur des parties très localisées du corps. Ainsi, des taches de couleur femelle peuvent apparaître çà et là sur la livrée d'un mâle, ou vice versa... En général, ces accidents sont mortels, mais s'ils ne touchent pas au fonctionnement interne de l'organisme, l'individu survivra.

Page ci-contre : Comète *Argema Mittrei*. Famille : Saturnidés (Madagascar).

Un exemple, saisissant entre tous, de gynandromorphisme bilatéral. Le côté droit est mâle, le côté gauche femelle. La disproportion est fidèle à celle que l'on retrouve dans la nature entre les deux sexes, jusque dans la différence des antennes !

1 *Parnassius hannyngtoni*. Famille : Papilionidés (Himalaya). **2** *Parnassius arcticus*. Famille : Papilionidés (Sibérie). **3** Phalène du bouleau *Biston betularia*. Famille : Géométridés (Europe). **4** Cuivré des marais *Thersamolycaena dispar dispar*. Famille : Lycénidés (Europe).

Les papillons sont capables de tous les prodiges. *Parnassius arcticus* vit en Sibérie au voisinage du cercle polaire. Il vole aussi loin que les glaces et les neiges le lui permettent. Son proche parent de l'Himalaya, *Parnassius hannyngtoni*, est, quant à lui, le papillon qui vit le plus haut au monde, jusqu'à 6 000 mètres d'altitude. Et que dire de ces étranges papillons, les hydrocampes neigeuses, dont les femelles sont entièrement aquatiques, ne pointant le bout de l'abdomen hors de l'eau que pour se faire féconder par les mâles ! On jurerait que de telles merveilles sont capables de s'adapter à tous les milieux. Et pourtant... Pollution, herbicides, bétonnage, le nouveau paysage industriel risque fort de leur être fatal. Si *Biston betularia* a pu s'adapter à la pollution, en fonçant sa livrée pour la rendre conforme... à la nouvelle couleur des arbres, combien d'autres ont rendu les armes ? Le cuivré des marais, l'un des plus beaux papillons d'Europe, a complètement disparu d'Angleterre et de quelques autres pays, en raison de l'extinction de sa plante nourricière. En Europe, une cinquantaine d'espèces sont ainsi menacées d'extinction à court terme...

Page ci-contre : *Zerynthia rumina cassandra*. Famille : Papilionidés (Europe).

Phénomène rare, la forme *honoratii* (en haut) est une mutante aujourd'hui disparue.

1 à **4** Uranie de Madagascar *Chrysiridia madagascarensis*. Famille : Uranidés. (Madagascar).

L'uranie de Madagascar décline d'étranges variations de couleurs dès lors qu'on l'expose au phénomène des « chocs thermiques ». Ces derniers sont provoqués artificiellement en laboratoire, en plaçant des chrysalides dans des étuves chauffées, ou refroidies. Une fois éclos, le papillon n'aura plus sa livrée d'origine (photographie n° 4), mais quantité de formes aberrantes. Les spécimens représentés ici sont exceptionnels ; ils ont appartenu au scientifique René Catala, qui fut le premier dans les années 30 à expérimenter ce phénomène à Madagascar. Les chocs thermiques ont permis aux scientifiques de mieux comprendre l'importance des microclimats sur l'évolution des espèces. Les papillons sont très sensibles aux variations de température. Dans la nature, des chrysalides exposées à un hiver anormalement rigoureux peuvent différer leur éclosion de plusieurs mois... voire de plusieurs années (ralentissement biologique connu sous le nom de « diapause »). Comme l'uranie de Madagascar, de nombreux papillons servent à la recherche scientifique. *Bombyx mori* est à cet égard l'insecte le plus utilisé en laboratoire. Il a permis de résoudre quantité de problèmes liés aux allergies, aux maladies génétiques ou aux anesthésiques médicaux. De sa chrysalide, on a tiré une huile à haute valeur thérapeutique, elle entre aujourd'hui dans le traitement des cancers.

Page ci-contre : Uranie de Madagascar *Chrysiridia madagascarensis*. Famille : Uranidés (Madagascar).

1 *Heliconius anactorie*. Famille : Nymphalidés (Bolivie). **2** *Papilio dardanus*. Famille : Papilionidés (République centrafricaine). **3** Piéride du chou *Pieris brassicae*. Famille : Piéridés (Europe). **4** et **5** Disparate ou zigzag *Lymantria dispar*, femelle et mâle. Famille : Lymantridés (Europe). **6** *Xanthopan morgani predicta*. Famille : Sphingidés (Madagascar).

Certaines chenilles peuvent être dommageables à la santé des hommes, en raison de leurs poils porteurs de venins irritants. De rares papillons sont aussi à craindre, comme *Hylesia urticans* nommé le « papillon-bouton » en Guyane, car ses écailles provoquent de douloureuses dermatoses, appelées « papilionites ». Tout cela n'est rien comparé à la malaria du moustique, et le papillon vaut d'abord d'être considéré pour son utilité. Car c'est un remarquable pollinisateur, le plus actif derrière les abeilles et les bourdons. Des sphinx peuvent féconder jusqu'à cent fleurs en trois minutes. Leur longue trompe les désigne comme pollinisateurs exclusifs de plantes dont le nectar est inaccessible aux autres insectes. Ainsi d'une orchidée qu'on découvrit à Madagascar au siècle dernier. Ses tubes nectaires, profonds de 28 centimètres, la rendaient inféconcable par tous les insectes alors connus ! On la soumit à Darwin, qui en déduisit l'existence d'un sphinx qui, nécessairement, devait posséder une trompe en proportion. En 1903, on découvrait *Xanthopan morgani* (trompe : 28 centimètres). On l'appela *predicta* en hommage à la perspicacité de Darwin.

Page ci-contre : Chenille de *Dyctyoploca sp*. Famille : Saturnidés.

1 *Copaxa sp.* Famille : Saturnidés (Amérique du Sud). **2** *Gonimbrasia sp.* Famille : Saturnidés (Madagascar).

La soie est produite naturellement par quantité de chenilles qui s'en servent pour la confection de leurs cocons. C'est en fait un simple fil de salive qui se solidifie au contact de l'air. La plus recherchée pour les textiles est celle de *Bombyx mori* (voir page 179), dont la larve se nourrit exclusivement de feuilles de mûrier. Les Chinois, qui l'élèvent depuis six mille ans au moins, ont récolté sa soie dans le plus grand secret pendant des millénaires. Exportée vers l'Orient par la fameuse « route de la soie », elle arrivait jusqu'à Rome, où elle se vendait au poids de l'or. Si Pline a admiré cette matière précieuse, qui « met les femmes à nu en les habillant », le législateur romain s'en est souvent offusqué, allant jusqu'à la faire interdire pour cause d'indécence ! Le secret de la soie ne sera percé en Occident qu'au VIe siècle, grâce à deux moines qui vont rapporter clandestinement d'Extrême-Orient des œufs de *Bombyx mori* et des graines de mûrier... cachés dans leur bâton de pèlerin. En France, l'industrie de la soie a connu son essor grâce à Henri IV, qui ordonne, en 1601, que 20 000 pieds de mûriers soient plantés aux Tuileries. Heureuse initiative, car la France allait devenir au fil des siècles l'un des principaux producteurs. L'apparition vers 1930 des fibres synthétiques, comme le Nylon, a porté un coup fatal à la sériciculture, dont la production mondiale n'est plus que de 45 000 tonnes par an. Premiers producteurs : le Japon, la Corée... et la Chine.

1 *Automeris sp.* Famille : Saturnidés (Amérique du Sud). **2** *Samia cynthia* (le bombyx de l'ailante). Famille : Saturnidés (Asie).

Bombyx mori est entièrement domestiqué — il n'existe plus du tout à l'état sauvage, seul papillon au monde à se trouver dans ce cas !
À l'inverse, les autres producteurs de soie ne s'acclimatent pas, ou très mal, à l'élevage, il faut les laisser évoluer à l'air libre et se contenter de ramasser leurs cocons. La soie qu'ils fournissent ainsi est en général jaune, plus grossière que celle de *Bombyx mori*, mais davantage résistante. De *Samia cynthia*, on obtient la soie *eri* dont on fait de délicats foulards (les *shantungs*). Comme *Bombyx mori*, elle fut importée clandestinement de Chine dans les années 1850, en même temps que l'ailante, sa plante nourricière. On misa de grands espoirs sur elle, mais son exploitation commerciale s'avéra vite infructueuse, de telle sorte qu'on abandonna presque partout son élevage. L'espèce réussit pourtant à s'acclimater à l'Europe et redevint sauvage. Aujourd'hui, on la trouve partout où l'ailante a proliféré – jusque dans nos terrains vagues, à Paris... Un cocon contient jusqu'à 3 500 mètres de fil, mais un tiers à peine peut être dévidé, donnant la soie brute (ou grège). Pour obtenir 1 kilo de soie grège, il faut environ mille chenilles qui auront consommé en un mois et demi la bagatelle de 60 kilos de feuilles de mûriers (soit trois mûriers entiers !). D'où le nom de « magnans » (goinfres) que les sériciculteurs du Midi leur ont donné – et celui de « magnaneries » qui désigne leurs fermes d'élevage.

1 Bombyx du mûrier *Bombyx mori*. Famille : Bombycidés (Laos). **2** Gâte-bois *Cossus cossus*. Famille : Cossidés (Europe).
3 *Ceranchia apollina*. Famille : Saturnidés (Madagascar). **4** *Bunea aslauga*. Famille : Saturnidés (Madagascar).

L'entomophagie (ou l'art et la manière de se délecter des insectes) est une pratique fort répandue dans le monde.
Ne faites pas la grimace, vous adorez le miel, et ce n'est jamais qu'un produit de l'œsophage des abeilles...
Les chenilles faisaient déjà le régal des Grecs de l'ancien temps. Quant à notre bon vieux gâte-bois, les Romains ne répugnaient pas,
dit-on, à s'en faire une petite fricassée à l'occasion, moyen ingénieux de le combattre, car c'est un terrible nuisible.
Si cette tradition culinaire s'est un peu perdue en Europe, elle demeure vivace partout ailleurs. En Asie,
plutôt que de jeter la chrysalide de *Bombyx mori* après avoir récupéré sa soie, on la consomme frite, ou pralinée au sucre.
En Inde, 20 000 tonnes de ses larves finissent ainsi tous les ans dans les estomacs, pas par nécessité, tout simplement
parce que c'est bon et riche en protéines. En Afrique du Sud, personne ne résiste aux chenilles, frites ou fumées,
de *Gonimbrasia belina*.. Elles ont leurs ramasseurs patentés qui fournissent les 1 500 tonnes transitant chaque année
sur les marchés locaux. Prix coûtant : quatre fois celui de la viande et on se les arrache comme des petits pains...

Page ci-contre : *Gonimbrasia belina*. Famille : Saturnidés (Rwanda).

Double page suivante : Ambiance tropicale. Papillons, chenilles et chrysalides s'inscrivent au menu des meilleurs restaurants de Mexico.

INDEX DES FAMILLES DE PAPILLONS

Classement par familles des papillons cités

(Les noms de genre sont donnés en italique. Seules les sous-familles des nymphalidés ont été indiquées.)

1 - Rhopalocères (papillons diurnes)

FAMILLE DES PAPILIONIDÉS (PAPILIONIDAE)

Environ 700 espèces, dont 11 en Europe, comptant parmi les plus grandes et les plus colorées du monde (28 centimètres pour les ornithoptères).

Atrophaneura :
- *horishanus, 124-125*
- *priapus, 140*

Baronia :
- *brevicornis, 101*

Bhutanitis :
- *lidderdalii, 132-133*

Chilasa :
- *clytia, 129*

Eurytides :
- *orthosilaus, 109*
- *protesilaus, 109*
- *serville, 102*

Graphium :
- *cyrnus nuscyrus, 39*
- *delesserti, 129*
- *idaeoides, 161*
- *levassori, 40*
- *weiskei, 147*

Hypermnestra :
- *helios, 63*

Iphiclides :
- *podalirius, 42*

Losaria :
- *coon coon, 141*

Ornithoptera :
- *croesus, 147*
- *goliath, 144*
- *goliath titan, 150*
- *paradisea, 145*
- *priamus arruana, 144*
- *priamus urvillianus, 148-149*
- *tithonus, 144*
- *victoriae, 145*
- *victoriae epiphanes, 144*

Papilio :
- *agestor, 160*
- *alexanor, 44*
- *antenor, 10*

- *antimachus, 12*
- *bachus, 95*
- *dardanus, 10, 175*
- *dardanus humbloti, 41*
- *dardanus meriones, 32*
- *dardanus meseres, 164, 165*
- *demodocus, 167*
- *euchenor, 150*
- *hospiton, 44*
- *laglaizei, 146, 160*
- *lorquinianus, 139*
- *maackii, 121*
- *machaon, 44*
- *nobilis nobilis, 9*
- *palinurus, 128*
- *paris gedensis, 139*
- *phorcas ruscoei, 8*
- *ulysses autolycus, 138*
- *ulysses joesa, 151*
- *zagreus, 101*
- *zalmoxis, 12*

Parides :
- *ascanius, 109*
- *erlaces, 81*
- *hahneli, 91*

Parnassius :
- *apollo, 44*
- *arcticus, 171*
- *eversmanni, 63*
- *hannyngtoni, 171*
- *mnemosyne, 63*
- *phoebus, 44*

Trogonoptera :
- *brookiana, 134*

Troides :
- *amphrysus, 135*
- *hypolitus, 119, 141*
- *rhadamantus, 141*

Zerynthia :
- *rumina 44*
- *rumina cassandra, 170*

FAMILLE DES PIÉRIDÉS (PIERIDAE)

Environ 1 500 espèces, dont une quarantaine en Europe. De petites à moyennes dimensions (inférieures à 10 centimètres), le fond des ailes est généralement blanc ou jaune.

Anthocharis :
- *cardamines, 69*

Aporia :
- *crataegi, 68*

Appias :
- *lyncida, 139*
- *zarinda, 118*

Catopsilia :
- *florella, 27*
- *thauruma, 26*

Cepora :
- *aspasia orantia, 129*

Colias :
- *crocea, 50, 51*
- *hyale, 51*
- *phicomone, 51*

Colotis :
- *danae, 27*
- *ione, 27*
- *phisadia, 27*
- *zoe, 39*

Delias :
- *catisa, 147*
- *henningia voconia, 129*
- *hyparete, 123, 131, 135*
- *meeki, 147*
- *toxopei, 147*

Dismorphia :
- *nemesis, 91*
- *orise, 91*

Euchloe :
- *tagis, 63*

Eurema :
- *sp., 123*
- *floricola, 28*

Gideona :
- *lucasi, 39*

Gonepteryx :
- *cleopatra, 51*
- *rhammi, 51*

Hebomoia :
- *glaucippe, 139*
- *leucippe sulfurea, 139*

Ixias :
- *pyrene, 121*

Mylothris :
- *croceus, 27*

- *humbloti, 35*
- *ngaziya, 41*
- *splendens, 39*

Paraeronia :
- *boebera, 129*

Phoebis :
- *argante, 95*
- *philea, 95*
- *rurina, 95*

Pieris :
- *anceps, 75*
- *brassicae, 68, 175*
- *napi, 68*

Pontia :
- *daplidice, 51*

Famille des nymphalidés (*Nymphalidae*)

Environ 5 000 espèces, de moyennes à grandes dimensions, très colorées. Les sous-familles sont considérées par certains auteurs comme des familles distinctes.

Sous-famille des nymphalinés

Aglais :
- *urticae*, 76

Apatura :
- *ilia*, 70
- *iris*, 54

Araschnia :
- *levana*, 54

Argynnis :
- *paphia*, 55, 57, 70

Brenthis :
- *hecate*, 76

Callicore :
- *cynosura*, 115
- *pastazza*, 115
- *pitheas, sp.*, 114

Callithea :
- *leprieuri*, 113
- *sapphira*, 115

Coea :
- *acheronta*, 103

Cymothoe :
- *hypatha*, 13
- *reinholdi*, 13
- *sangaris*, 14-15

Cynthia :
- *cardui*, 56-57

Cyrestis :
- *elegans*, 35

Diaethria :
- *meridionalis*, 115

Euphaedra :
- *losinga*, 28

Eurodryas :
- *aurinia*, 76

Hamadryas :
- *amphinome*, 108
- *feronia*, 109

Hestina :
- *japonica*, 121

Historis :
- *odius*, 103

Hypolimnas :
- *dexithea*, 33
- *misippus*, 131

Inachis :
- *io*, 78-79

Issoria :
- *lathonia*, 76

Junonia :
- *octavia*, 166
- *oenone epiclelia*, 154
- *rhadama*, 154

Kallima :
- *inachus*, 155
- *paralekta*, 156, 157

Ladoga :
- *camilla*, 54

Melitaea :
- *cinxia*, 70

Metamorpha :
- *stelenes*, 109

Parthenos :
- *sylvia*, 150

Pseudacraea :
- *boisduvalii trimeni*, 39

Salamis :
- *duprei*, 32

Sasakia :
- *charonda*, 121

Smyrna :
- *blomfildia*, 100

Vanessa :
- *atalanta*, 76

Vindula :
- *sp.*, 4

Sous-famille des danaïnés

Amauris :
- *comorana*, 41
- *niavius*, 10
- *nossima*, 32, 41

Anetia :
- *briarea*, 101
- *thirza*, 103

Danaus :
- *chrysippus*, 28, 30-31, 131

- *eresimus*, 101
- *genutia*, 123
- *plexaure*, 109
- *plexippus, sp.*, 92-93

Euploea :
- *phaenareta*, 127
- *redtenbacheri*, 127
- *tobleri, sp.*, 127

Idea :
- *blanchardi*, 135
- *leuconoe*, 161
- *lynceus*, 135

Ideopsis :
- *gaura*, 135
- *vitrea*, 141

Lycorea :
- *pasinuntia*, 101

- *iclione*, 91

Parantica :
- *aspasia*, 141
- *dannatti*, 129
- *pumila*, 150
- *sita*, 121, 160
- *timorica*, 141
- *weiskei*, 147

Sous-famille des brassolinés

Caligo :
- *eurilochus*, 104-105

Catoblepia :
- *sp.*, 103

Dasyopthalma :
- *creusa*, 103

Opsiphanes :
- *batea*, 103

Sous-famille des héliconinés

Dryas :
- *iulia*, 98

Heliconius :
- *anactorie*, 175

- *burneyi catherina*, 98
- *charitonia*, 98
- *erato amazona*, 98
- *hecale*, 99

- *hecale quitalena*, 99
- *melpomene*, 98
- *numata*, 98

Sous-famille des morphinés

Morpho :
- *aurora*, 84
- *cisseis*, 85
- *cypris*, 84

- *deidamia*, 82
- *electra*, 82
- *godarti*, 84
- *hecuba*, 84

- *leontius*, 82
- *menelaus*, 82
- *nestira*, 82
- *rhetenor*, 86-87

- *sulkowskyi, sp.*, 84
- *violacea*, 83
- *vitrea*, 82
- *zephyritis*, 84

Sous-famille des charaxinés

Anaea :
- *archidona, 156*
- *fabius, 156*
- *marthesia, 156*
- *nessus, 91*
- *xenocles, 156*

Charaxes :
- *acraeoides, 20*
- *andranodorus, 20*
- *boueti, 20*

- *brutus, 16*
- *candiope, 20*
- *cynthia cameroonensis, 169*
- *etheocles, 169*
- *eupale, 16*
- *eurialus, 152-153*
- *fournierae, 18*
- *hadrianus, 16*
- *jasius, 71*
- *latona, 150*
- *lucretius, 21*

- *lydiae, 19*
- *nobilis, 16*
- *numenes, 20*
- *phenix, 19*
- *protoclea azota, 19*
- *smaragdalis, 16, 17*
- *superbus, 19*
- *tiridates, 16, 17, 20*
- *tiridates tiridatinus, 169*

Euxanthe :
- *crossleyi, 22-23*

Palla :
- *ussheri, 28*

Prepona :
- *buckleyana, 115*
- *chromus, 113*
- *demophon, 113*
- *dexamenus, 113*
- *domophora extincta, sp., 113*

Prothoe :
- *australis, 150*

Sous-famille des acréinés

Acraea :
- *dammii, 35*

- *igati, 34*
- *issoria, 120*

- *neobule, 41*
- *ranavalona, 35*

- *silia, 35*
- *turlini, 35*

Sous-famille des ithominés

Hypoleria :
- *andromica, 107*

Thyridia :
- *psidii, 91*

Sous-famille des satyrinés

Arethusana :
- *arethusa, 54*

Brintesia :
- *circe, 54*

Cithaerias :
- *aurorina, 107*

- *esmeralda, 107*
- *pyropina, sp., 107*

Hipparchia :
- *semele, 54*

Melanargia :
- *galathea, 68*

Minois :
- *dryas, 43*

Neorina :
- *lowii, 135*

Physcaeneura :
- *leda, 39*

FAMILLE DES AMATHUSIDÉS (*AMATHUSIIDAE*)
Petite famille asiatique, de moyennes à grandes dimensions.

Taenaris :
- *selene, 142-143*

FAMILLE DES LYCÉNIDÉS (*LYCAENIDAE*)
La plus grande famille des papillons diurnes, avec environ 6 500 espèces, dont une centaine en Europe. De petites à moyennes dimensions (rarement plus de 8 centimètres), avec souvent des couleurs aux reflets métalliques.

Heodes :
- *alciphron, 77*
- *hippothoe, 77*
- *virgaureae, 70*

Lepidochrysops :
- *turlini, 38*

Lysandra :
- *bellargus, 63*
- *coridon, 63*

Quercusia :
- *quercus, 68* *Thecla :*
- *coranata, 112*

Thersamolycaena :
- *dispar dispar, 171*

FAMILLE DES RIODINIDÉS (*RIODINIDAE*)
Environ 1 200 espèces, essentiellement d'Amérique tropicale (une seule vit en Europe).

Ancyluris :
- *formosissima, 106*

Helicopis :
- *trinitalis, 110-111*

2 - Hétérocères (papillons nocturnes)

FAMILLE DES COSSIDÉS (*COSSIDAE*)
Environ 600 espèces, de moyennes à grandes dimensions, dont 15 en Europe.

Cossus :
- *cossus, 46, 47, 179*

Zeuzera :
- *pyrina, 75*

FAMILLE DES SÉSIDÉS (*SESIIDAE*)
Un millier d'espèces, dont 50 en Europe. De petites à moyennes dimensions, elles imitent les guêpes ou les frelons et volent couramment le jour.

Sesia :
- *apiformis, 159*

FAMILLE DES ZYGÉNIDÉS (*ZYGAENIDAE*)
Environ 800 espèces d'activité diurne, dont 60 en Europe. De petites à moyennes dimensions, les individus ont des livrées très colorées signalant qu'ils sont toxiques aux prédateurs.

Zygaena :
- *carniolica, 158*

FAMILLE DES URANIDÉS (*URANIIDAE*)
Une centaine d'espèces vivant exclusivement en milieu tropical ; certaines sont d'activité diurne.

Alcides :
- *agathyrsus, 160*

Chrysiridia :
- *madagascarensis, 7, 172, 173*

Nyctalemon :
- *sp., 139*

FAMILLE DES GÉOMÉTRIDÉS (*GEOMETRIDAE*)
Vaste famille de 15 000 espèces — 800 en Europe —, de petites à moyennes dimensions. Les chenilles se déplacent curieusement, comme si elles arpentaient le terrain, d'où leur nom de « géomètres ».

Biston :
- *betularia, 171*

Opisthograptis :
- *luteolata, 61*

Ourapteryx :
- *sambucaria, 61*

FAMILLE DES SATURNIDÉS (*SATURNIIDAE*)
Environ 1 500 espèces, dont 5 seulement en Europe, comptant parmi les plus grands nocturnes. Les livrées colorées s'ornent souvent d'impressionnants ocelles. La soie des chrysalides peut être recueillie pour les textiles.

Actias :
- *luna, 90*
- *selene, sp., 136-137*

Adeilacia :
- *jason, 89*

Aglia :
- *tau, 59*

Antherina :
- *suraka, 29*

Argema :
- *mittrei, 6, 168*

Athletes :
- *gigas, 9*

Attacus :
- *lorquini, 130*

Automeris :
- *sp., 177*

Bunea :
- *aslauga, 179*

Ceranchia :
- *apollina, 32, 179*

Copaxa :
- *sp., 176*

Copiopteryx :
- *derceto, 80*

Dyctyoploca :
- *sp., 174*

Epiphora :
- *albida, 9*

Gonimbrasia :
- *belina, 178*

- *sp., 176*

Goodia :
- *sentosa, 24*

Graellsia :
- *isabellae, 72-73*

Helicorisa :
- *pagenstecheri, 107*

Imbrasia :
- *dione, 24*
- *epimethea, 25*

Lobobunea :
- *angasana, 9*
- *ansorgei, 9*
- *turlini, 9*

Loxolomia :
- *serpentina, 162-163*

Pavonia :
- *pavonia, 59*

Pseudimbrasia :
- *deyrolli, 24*

Rescynthis :
- *mortii, 89*

Rothschildia :
- *hesperus, 88, 89*

Samia :
- *cynthia, 123, 177*

Saturnia :
- *pyri, 59*

Tagoropsis :
- *leporina, 24*

Thelea :
- *sp., 89*

FAMILLE DES BOMBYCIDÉS (*BOMBYCIDAE*)
Petite famille de 300 espèces essentiellement asiatiques, dont le représentant le plus illustre est *Bombyx mori,* principal pourvoyeur de la soie textile.

Bombyx :
- *mori, 179*

FAMILLE DES LASIOCAMPIDÉS (*LASIOCAMPIDAE*)
Environ 2 000 espèces, dont une quarantaine en Europe. De moyennes à grandes dimensions, les mâles volent couramment le jour.

Dendrolimus :
- *pini, 61*
Euthrix :
- *potatoria, 61*

Gastropacha :
- *quercifolia, 46*
Lasiocampa :
- *quercus, 60*

Macrothylacia :
- *rubi, 61*

FAMILLE DES ENDROMIDÉS (*ENDROMIDAE*)
Petite famille de moyennes dimensions dont *Endromis versicolora* est l'unique représentant en Europe.

Endromis :
- *versicolora, 61*

FAMILLE DES BRAHMÉIDÉS (*BRAHMAEIDAE*)
Petite famille d'une vingtaine d'espèces, de moyennes à grandes dimensions.

Dactyloceras :
- *lucina, 24*

FAMILLE DES SPHINGIDÉS (*SPHINGIDAE*)
Un millier d'espèces de moyennes à grandes dimensions. Une trentaine d'espèces migratrices, originaires d'Afrique, vivent quelques mois par an en Europe. Les individus sont massifs et dotés d'une longue trompe.

Acherontia :
- *atropos, 66-67*

Agrius :
- *cingulata, 89*
- *convolvuli, 64*

Deilephila :
- *elpenor 65*

Euchloron :
- *megaera, 36-37*

Hemaris :
- *fuciformis, 158*
- *tityus, 158*

Hyles :
- *euphorbiae, 46, 47*

- *livornica livornica, 65*
- *vespertilio, 65*
Macroglossum :
- *stellatarum, 65*
Marumba :
- *quercus, 65*
Mimas :
- *tiliae, 65*

Nephele :
- *aequivalens, 24*

Protambulyx :
- *strigilis, 89*

Xanthopan :
- *morgani predicta, 175*

FAMILLE DES NOCTUIDÉS (*NOCTUIDAE*)
La plus vaste famille de papillons de nuit, comprenant près de 25 000 espèces, dont un millier en Europe. Certaines figurent parmi les plus grands nocturnes (30 centimètres).

Catocala :
- *fraxini, 52*
- *nupta, 53*

Phyllodes :
- *sp., 158*

Thysania :
- *agrippina, 96-97*

FAMILLE DES NOTODONTIDÉS (*NOTODONTIDAE*)
Environ 2 500 espèces, dont une cinquantaine en Europe, de petites à moyennes dimensions.

Cerura :
- *erminea, 75*
- *vinula, 74*

Peridea :
- *anceps, 75*

Phalera :
- *bucephala, 46*

Pheosia :
- *gnoma, 75*

FAMILLE DES LYMANTRIDÉS (*LYMANTRIIDAE*)

Environ 2 000 espèces, dont une vingtaine en Europe. Les chenilles sont souvent dotées de poils urticants.

Arctornis :
- *l nigrum, 48, 49*

Lymantria :
- *dispar, 75, 175*

FAMILLE DES ARCTIDÉS (*ARCTIIDAE*)

Environ 8 000 espèces de moyennes à grandes dimensions, vivant principalement en Amérique tropicale (moins de 100 en Europe). Leur livrée très colorée avertit de leur toxicité.

Anaxita :
- *constricta, 116-117*

Apantesis :
- *fasciata, 53*

Arctia :
- *villica, 53*

Cymbalophora :
- *pudica, 53*

Euplagia :
- *quadripunctaria, 53*

Euprepia :
- *diva, 167*

Pericopis :
- *sp., 101*

Rhyparia :
- *purpurata, 53*

Spilosoma :
- *niveum, 62*

INDEX DES NOMS FRANÇAIS ET SCIENTIFIQUES

(les noms en italique renvoient à des thèmes abordés dans l'ouvrage)

A

Acherontia atropos, 66-67
Acraea dammii, 35
Acraea igati, 34
Acraea issoria, 120
Acraea neobule, 41
Acraea ranavalona, 35
Acraea silia, 35
Acraea turlini, 35
Actias luna, 90
Actias selene, 136-137
Adeilacia jason, 89
Aglais urticae, 76
Aglia tau, 59
Agreste, 54
Agrippine, 96-97
Agrius cingulata, 89
Agrius convolvuli, 64
Alcidis agathyrsus, 160
Alexanor, 44
Amauris comorana, 41
Amauris niavius, 10
Amauris nossima, 32, 41
Anaea archidona, 156
Anaea fabius, 156
Anaea marthesia, 156
Anaea nessus, 91
Anaea xenocles, 156
Anaxita constricta, 116-117
Ancyluris formosissima, 106
Anetia briarea, 101
Anetia thirza, 103
Antennes, 24
Antherina suraka, 29
Anthocharis cardamines, 69
Apantesis fasciata, 53
Apatura ilia, 70
Apatura iris, 54
Apollon, 44
Aporia crataegi, 68
Appias zarinda, 118
Appias lyncida, 139
Araschnia levana, 54
Arctia villica, 53

Arctornis l nigrum, 48-49
Arethusana arethusa, 54
Argema mittrei, 6, 168
Argus bleu céleste, 63
Argus bleu nacré, 63
Argus satiné, 70
Argynnis paphia, 55, 57, 70
Athletes gigas, 9
Atrophaneura horishanus, 124-125
Atrophaneura priapus, 140
Attacus lorquini, 130
Attacus sp., 122
Aurore, 69
Automeris sp., 177

B

Baronia brevicornis, 101
Bel Argus, 63
Belle-dame, 56-57
Bhutanitis lidderdalii, 132-133
Biston betularia, 171
Bombyx buveur, 61
Bombyx de l'ailante, 177
Bombyx de la ronce, 61
Bombyx du chêne, 61
Bombyx du mûrier, 179
Bombyx du pin, 61
Bombyx dyctéoïde, 75
Bombyx mori, 179
Brenthis hecate, 76
Brintesia circe, 54
Bucéphale, 46, 47
Bunaea aslauga, 179

C

Caligo eurilochus, 104-105
Callicore cynosura, 115
Callicore pastazza, 115
Callicore pitheas, 114
Callicore sp., 115
Callithea leprieuri, 113
Callithea sapphira, 115
Candide, 51
Carte géographique, 54
Catoblepia sp., 103
Catocala fraxini, 52

Catocala nupta, 53
Catopsilia florella, 27
Catopsilia thauruma, 26
Cendré, 65
Cepora aspasia orantia, 129
Ceranchia apollina, 32, 179
Cerura erminea, 75
Cerura vinula, 74
Charaxes acraeoides, 20
Charaxes andranodorus, 20
Charaxes boueti, 20
Charaxes brutus, 16
Charaxes candiope, 20
Charaxes cynthia cameroonensis, 169
Charaxes etheocles (forme vetula), 169
Charaxes eupale, 16
Charaxes eurialus, 152-153
Charaxes fournierae, 18
Charaxes hadrianus, 16
Charaxes jasius, 71
Charaxes latona, 150
Charaxes lucretius, 21
Charaxes lydiae, 19
Charaxes nobilis, 16
Charaxes numenes, 20
Charaxes phenix, 19
Charaxes protoclea azota, 19
Charaxes smaragdalis, 16, 17
Charaxes superbus, 19
Charaxes tiridates, 16, 17, 20
Charaxes tiridates tiridatinus, 169
Chenille, 29, 45, 46, 47, 48-49, 67, 94, 115, 122, 174
Chilasa clytia, 129
Choc thermique, 172, 173
Chrysalide, 4, 11, 126, 127
Chrysiridia madagascarensis, 7, 172, 173
Cithaerias aurorina, 107
Cithaerias esmeralda, 107
Cithaerias pyropina, 107
Cithaerias sp., 107
Citron, 51
Citron de Provence, 51
Citronnelle rouillée, 61
Cléopâtre, 51
Coea acheronta, 103
Colias crocea, 50, 51

Colias hyale, 51
Colias phicomone, 51
Colotis danae, 27
Colotis ione, 27
Colotis phisadia, 27
Colotis zoe, 39
Comestibles, 95, 178, 179, 180-181
Comète, 6, 168
Copaxa sp., 176
Copiopteryx derceto, 80
Coquette, 75
Cossus cossus, 46, 47, 179
Couleurs, 113, 139
Cramoisi, 27
Cténuchide, 94
Cuivré des marais, 171
Cymbalophora pudica, 53
Cymothoe hypatha, 13
Cymothoe reinholdi, 13
Cymothoe sangaris, 14-15
Cynthia cardui, 56-57
Cyrestis elegans, 35

D

Dactyloceras lucina, 24
Damier de la succise, 76
Danaus chrysippus, 28, 30-31, 131
Danaus eresimus, 101
Danaus genutia, 123
Danaus plexaure, 109
Danaus plexippus, 92-93
Danaus sp., 10, 11
Dasyopthalma creusa, 103
Deilephila elpenor, 65
Delias catisa, 147
Delias henningia voconia, 129
Delias hyparete, 123, 131, 135
Delias meeki, 147
Delias toxopei, 147
Demi-deuil, 68
Dendrolimus pini, 61
Diaethria meridionalis, 115
Dimorphisme, 167
Dismorphia nemesis, 91
Dismorphia orise, 91
Disparate, 75, 175
Dryas iulia, 98
Dyctyoploca sp., 174

E

Écaille chinée, 53
Écaille fermière, 53
Écaille pourprée, 53
Écaille tesselée, 53
Écaille villageoise, 53
Écailles, 109
Empereur du Japon, 121
Endromis versicolora, 61
Epiphora albida, 9
Esméralda, 107
Euchloe tagis, 63
Euchloron megaera, 36-37
Euphaedra losinga, 28
Euplagia quadripunctaria, 53
Euploea phaenareta, 127
Euploea redtenbacheri, 127
Euploea sp., 127
Euploea tobleri, 127
Euprepia diva, 167
Eurema floricola, 28
Eurema sp., 123
Eurodryas aurinia, 76
Eurytides orthosilaus, 109
Eurytides protesilaus, 109
Eurytides serville, 102
Euthrix potatoria, 61
Euxanthe crossleyi, 22-23

F

Feuille-morte du chêne, 46, 47
Feuille-morte du pin, 61
Flambé, 42

G

Gastropacha quercifolia, 46
Gâte-bois, 46, 47, 179
Gazé, 68
Gideona lucasi, 39
Gonepteryx cleopatra, 51
Gonepteryx rhamni, 51
Gonimbrasia belina, 178
Gonimbrasia sp., 176
Goodia sentosa, 24
Graellsia isabellae, 72-73
Grand mars changeant, 54
Grand monarque, 92-93
Grand nègre des bois, 43
Grand paon de nuit, 59
Grand porte-queue, 44, 45
Grand pourceau, 65
Grand sphinx de la vigne, 65
Grande queue fourchue, 74

Graphium cyrnus nuscyrus, 39
Graphium delesserti, 129
Graphium idaeoides, 161
Graphium levassori, 40
Graphium weiskei, 147
Gynandromorphes, 168, 169

H

Hachette, 59
Hamadryas amphinome, 108
Hamadryas feronia, 109
Hebomoia glaucippe, 139
Hebomoia leucippe sulfurea, 139
Heliconius anactorie, 175
Heliconius burneyi catherina, 98
Heliconius charitonia, 98
Heliconius erato amazona, 98
Heliconius hecale, 99
Heliconius hecale quitalena, 99
Heliconius melpomene, 98
Heliconius numata, 98
Helicopis trinitalis, 110-111
Helicorisa pagenstecheri, 107
Hemaris fuciformis, 158
Hemaris tityus, 158
Heodes alciphron, 77
Heodes hippothoe, 77
Heodes virgaureae, 70
Hermine, 75
Hestina japonica, 121
Hétérocères, 24
Hipparchia semele, 54
Historis odius, 103
Homochromie, 155, 156, 157, 162-163
Hybride, 9, 154
Hyles euphorbiae, 46, 47
Hyles livornica livornica, 65
Hyles vespertilio, 65
Hypermnestra helios, 63
Hypoleria andromica, 107
Hypolimnas dexithea, 33
Hypolimnas misippus, 131

I

Idea blanchardi, 135
Idea leuconoe, 161
Idea lynceus, 135
Ideopsis gaura, 135
Ideopsis vitrea, 141
Imbrasia dione, 24
Imbrasia epimethea, 25
Inachis io, 78-79

Iphiclides podalirius, 42
Isabelle, 70
Issoria lathonia, 76
Ixias pyrene 121

J

Jason, 70
Julia, 98
Junonia octavia, 166
Junonia octavia (forme sesamus), 166
Junonia oenone epiclelia, 154
Junonia rhadama, 154

K

Kallima inachus, 155
Kallima paralekta, 156, 157

L

L noir, 47
Ladoga camilla, 54
Lasiocampa quercus, 60
Lepidochrysops turlini, 38
Lichenée bleue, 53
Lichenée rouge, 53
Lobobunea angasana, 9
Lobobunea ansorgei, 9
Lobobunea turlini, 9
Losaria coon coon, 141
Loxolomia serpentina, 162-163
Lycorea iclione, 91
Lycorea pasinuntia, 101
Lymantria dispar, 75, 175
Lysandra bellargus, 63
Lysandra coridon, 63

M

Machaon, 44
Machaon corse, 44
Macroglossum stellatarum, 65
Macrothylacia rubi, 61
Marbré de Lusitanie, 63
Marbré-de-vert, 51
Mariée, 53
Marumba quercus, 65
Melanargia galathea, 68
Melitaea cinxia, 70
Mélitée du plantain, 70
Mercure, 54
Metamorpha stelenes, 109

Migration, 19, 27, 54, 91
Mimas tiliae, 65
Mimétisme, 10, 158, 160, 165
Minime à bandes jaunes, 61
Minois dryas, 43
Moro-sphinx, 65
Morpho aurora, 84
Morpho cisseis, 85
Morpho cypris, 84
Morpho deidamia, 82
Morpho electra, 82
Morpho godarti, 84
Morpho hecuba, 84
Morpho leontius, 82
Morpho menelaus, 82
Morpho nestira, 82
Morpho rhetenor, 86-87
Morpho sp., 85
Morpho sulkowskyi, 84
Morpho violacea, 83
Morpho vitrea, 82
Morpho zephyritis, 84
Mylothris croceus, 27
Mylothris humbloti, 35
Mylothris ngaziya, 41
Mylothris splendens, 39

N

Nacré de la filipendule, 76
Neorina lowii, 135
Nephele aequivalens, 24
Noctuelle du frêne, 53
Nocturnes, 24
Nyctalemon sp., 139

O

Ocelle, 59, 103
Oiseau-mouche, 65
Opisthograptis luteolata, 61
Opsiphanes batea, 103
Ornithoptera croesus, 147
Ornithoptera goliath, 144
Ornithoptera goliath titan, 150
Ornithoptera paradisea, 145
Ornithoptera priamus arruana, 144
Ornithoptera priamus urvillianus, 148-149
Ornithoptera tithonus, 144
Ornithoptera victoriae epiphanes, 144
Ornithoptère de paradis, 144
Ourapteryx sambucaria, 61

P-Q

Pacha à deux queues, 70
Palla ussheri, 28
Paon du jour, 78-79
Papilio agestor, 160
Papilio alexanor, 44
Papilio antenor, 10
Papilio antimachus, 12
Papilio bachus, 95
Papilio dardanus, 10, 175
Papilio dardanus humbloti, 41
Papilio dardanus meriones, 32
Papilio dardanus meseres, 164, 165
Papilio demodocus, 167
Papilio demodocus (forme carieri), 167
Papilio euchenor, 150
Papilio hospiton, 44
Papilio laglaizei, 146, 160
Papilio lorquinianus, 139
Papilio maackii, 121
Papilio machaon, 44
Papilio nobilis nobilis, 9
Papilio palinurus, 128
Papilio paris gedensis, 139
Papilio phorcas ruscoei, 8
Papilio phorcas ruscoei (forme thersander), 8
Papilio ulysses autolycus, 138
Papilio ulysses joesa, 151
Papilio zagreus, 101
Papilio zalmoxis, 12
Papillon-chouette, 104-105
Papillon-feuille, 156, 157
Papillon-feuille de Boisduval, 155
Papillon-lune américain, 90
Papillon-lune indien, 136-137
Papillon-zèbre, 98
Paradisea, 145
Paraeronia boebera, 129
Parantica aspasia, 141
Parantica dannatti, 129
Parantica pumila, 150
Parantica sita, 121, 160
Parantica timorica, 141
Parantica weiskei, 147
Parides ascanius, 109
Parides erlaces, 81

Parides hahneli, 91
Parnassius apollo, 44
Parnassius arcticus, 171
Parnassius eversmanni, 63
Parnassius hannyngtoni, 171
Parnassius mnemosyne, 63
Parnassius phoebus, 44
Parthenos sylvia, 150
Pavonia pavonia, 59
Pericopis sp., 101
Peridea anceps, 75
Petit agreste, 54
Petit apollon, 44
Petit mars changeant, 70
Petit monarque, 28, 30-31, 131
Petit nacré, 76
Petit paon de nuit, 59
Petit sylvain, 54
Petite tortue, 76
Phalène du bouleau, 171
Phalène du sureau, 61
Phalène soufrée, 61
Phalera bucephala, 46
Pheosia gnoma, 75
Phéromones, 59, 75
Phoebis argante, 95
Phoebis philea, 95
Phoebis rurina, 95
Phyllodes sp., 158
Physcaeneura leda, 39
Piéride de l'aubépine, 68
Piéride du cassier, 27
Piéride du chou, 68, 175
Piéride du cresson, 69
Piéride du navet, 68
Piéride du réséda, 51
Pieris brassicae 68, 175
Pieris napi, 68
Pollinisateurs, 175
Polyphage, 61
Pontia daplidice, 51
Porte-écu jaune, 46
Prepona buckleyana, 115
Prepona chromus, 113
Prepona demophon, 113
Prepona dexamenus, 113
Prepona domophora extincta, 113
Prepona sp., 113
Proserpine, 44

Protambulyx strigilis, 89
Prothoe australis, 150
Pseudacraea boisduvalii trimeni, 39
Pseudimbrasia deyrolli, 24, 88, 115
Quercusia quercus, 68

R

Rescynthis mortii, 89
Rhopalocères (papillons de jour), 24
Rhyparia purpurata, 53
Rothschildia hesperus, 88, 89

S

Salamis duprei, 32
Samia Cynthia, 123, 177
Sasakia charonda, 121
Saturnia pyri, 59
Semi-apollon, 63
Sesia apiformis, 159
Sésie apiforme, 159
Sésie-frelon, 159
Silène, 54
Smyrna blomfildia, 100
Soie, 32, 123, 176, 177
Souci, 50, 51
Soufré, 51
Sphinx à tête de mort, 66-67
Sphinx de la patate, 89
Sphinx de l'euphorbe, 46, 47
Sphinx du chêne vert, 65
Sphinx du chèvrefeuille, 158
Sphinx du liseron, 64
Sphinx du tilleul, 65
Sphinx gazé, 158
Sphinx livournien, 65
Sphinx strié, 89
Sphinx vert, 36-37
Spilosoma niveum, 62

T

Tabac d'Espagne, 55, 70
Taenaris selene, 142-143
Tagoropsis leporina, 24

Thecla coranata, 112
Thécla du chêne, 68
Thelea sp., 89
Thersamolycaena dispar dispar, 171
Thyridia psidii, 91
Thysania agrippina, 96-97
Timide, 75
Trogonoptera brookiana, 134
Troides amphrysus, 135
Troides hypolitus, 119, 141
Troides rhadamantus, 141

U

Urania riphaeus (voir Chrysiridia madagascarensis)
Uranie de Madagascar, 7, 172, 173

V

Vanessa atalanta, 76
Vanesse de l'ortie, 76
Vanesse des chardons, 56-57
Versicolore, 61
Vision, 113
Voilier antimachus, 12
Voilier bleu, 12
Voilier lustré, 139
Vindula sp., 4
Vulcain, 76

X

Xanthopan morgani predicta, 175

Z

Zerynthia rumina, 44
Zerynthia rumina cassandra, 170
Zerynthia rumina cassandra (forme honoratii), 170
Zeuzera pyrina, 75
Zeuzère du marronnier, 75
Zigzag, 75, 175
Zygaena carniolica, 158

Glossaire

Abdomen : partie postérieure du corps des insectes contenant les organes digestifs et reproducteurs.

Chenille (ou larve) : deuxième stade du cycle de vie des lépidoptères, précédant la chrysalide.

Chrysalide (ou nymphe) : troisième stade du cycle de vie des lépidoptères amenant l'apparition de l'imago.

Cocon : enveloppe de soie filée par la chenille, dans laquelle s'enfermera la chrysalide. Certaines espèces n'en produisent pas.

Cryptique (couleur) : couleur de camouflage.

Dimorphisme : différence d'aspect entre deux individus d'une même espèce.

Endémique : se dit d'une espèce qui est originaire du pays où on la trouve, et souvent limitée à lui.

Entomologie : science de l'étude des insectes.

Espèce : unité de base dans la classification des êtres vivants. Elle regroupe des individus ayant des caractères communs et se reproduisant entre eux.

Hétérocères : papillons de nuit (150 000 espèces environ).

Homotypie : fait pour un animal de se fondre dans son milieu, en utilisant les couleurs (homochromie) ou les formes (homomorphie).

Imago : dernier stade du cycle de vie des lépidoptères, où la forme de papillon apparaît. Les imagos se distinguent de tous les autres insectes par la présence d'écailles sur le corps et par la spiritrompe qui leur permet d'aspirer le nectar des fleurs.

Insectes (ou hexapodes) : classe d'invertébrés dont le corps se compose de trois parties : la tête, le thorax, doté de six pattes, et l'abdomen.

Lépidoptère : nom générique du « papillon », considéré dans la totalité de son cycle : œuf, chenille, chrysalide et papillon proprement dit (ou imago).

Mandibule : mâchoire supérieure servant à broyer la nourriture.

Mimétisme : 1. Action pour un papillon comestible d'imiter la livrée d'un papillon non comestible afin de tromper ses prédateurs (mimétisme batésien). 2. Action pour plusieurs espèces non comestibles d'emprunter la même livrée avertissante (mimétisme müllérien).

Nectar : liquide sucré sécrété par les fleurs pour attirer les insectes pollinisateurs.

Ocelle : tache en forme d'œil disposée sur les ailes pour effrayer les prédateurs.

Œuf : premier stade du cycle biologique des lépidoptères.

Phéromone : substance chimique produite par les papillons pour attirer les individus de l'autre sexe.

Pollinisateur : insecte favorisant la fécondation des plantes en transportant le pollen d'une fleur à l'autre.

Rhopalocères : papillons de jour (18 000 espèces environ).

Bibliographie

❏

Alexanor, revue bimestrielle paraissant depuis 1959, éditée par le Muséum national d'histoire naturelle de Paris.

Blab (J.), Ruckstuhl (Th.), Esche (Th.) et Holzberger (R.), (G. Luquet pour l'édition française), *Sauvons les papillons,* éd. Duculot, Paris, 1988.

Comby (B.), *Délicieux insectes,* éd. Jouvence, Paris, 1990.

Fonteneau (J.-M.), *Faire collection de papillons,* éd. Dargaud, Paris, 1983.

Leraut (P.), *les Papillons dans leur milieu,* éd. Bordas, Paris, 1992.

Nuridsany (Cl.) et Perennou (M.), *Masques et simulacres (le mimétisme dans la nature),* éd. Du May, Paris, 1990.

L'auteur et le photographe tiennent à remercier ceux et celles
qui les ont accueillis pour la réalisation de cet ouvrage :

**M. Marc Metzger, des Lépidoptéristes parisiens,
qui nous a obligeamment ouvert sa collection,
M. Bernard Turlin,
pour sa disponibilité et sa connaissance exacte
des papillons d'Afrique et d'Asie,
M. Dominique Fleurent, entomologiste à Aurillac,
pour les plus belles chenilles présentées dans ce livre,
M. Gilbert Lachaume, entomologiste,
chargé de l'expertise des papillons de collection
auprès de la Compagnie des commissaires-priseurs de Paris,
M. Jacques Pierre, entomologiste
au Muséum national d'histoire naturelle de Paris,
la librairie des sciences naturelles René Thomas, à Paris,
la maison Sciences, Art et Nature Nérée Boubet, à Paris,
qui a aimablement mis à notre disposition
ses spécimens les plus rares.**